四川历史名人丛书

传 记 系 列

下阂传

查有梁–著

天 地 出 版 社 | TIANDI PRESS

"四川历史名人丛书"编委会名单

"四川历史名人丛书"总序

——传承巴蜀文脉，让历史名人"活"起来

　　文化是民族的血脉，是哺育民族成长壮大的乳汁，是一个国家、一个民族的灵魂，文化兴国运兴，文化强民族强。从十八大到十九大，习近平总书记以政治家的战略眼光，以唯物主义的科学态度，从中华文化的思想内涵、道德精髓、现代价值和传承理念等方面多维度、系统化地阐述了对待中华文化的根本态度和思想观点。他将中华优秀传统文化提升到"中华民族的基因""民族文化血脉""中华民族的根和魂"和"中华民族的精神命脉"的崭新高度，指出"一个国家、一个民族不能没有灵魂"，"优秀传统文化是一个国家、一个民族传承和发展的根本，如果丢掉了，就割断了精神命脉"，要"加强对中华优秀传统文化的挖掘和阐发"，从传统文化中提取民族复兴的"精神之钙"，"对历史文化特别是先人传承下来的道德规范，要坚持古为今用、以古鉴今，坚持有鉴别的对待、有扬弃的继承"，努力实现传统文化的"创造性转化、创新性发展"。总书记的一系列著名论断，从中华民族最深沉精神追求的深度、国家战略资源的高度、推动中华民族现代化进程的角度，把中华文化的发展提升到一个

新高度，升华到一个新境界，推向了一个新阶段。

　　中华文化源远流长，积淀着中华民族最深沉的精神追求，是中华民族独特的精神标识，为中华民族生生不息、发展壮大提供了丰厚滋养。沧海桑田，古印度、古埃及、古巴比伦文明早已成为阳光下无言的石柱，而中华文明至今仍然喷涌着蓬勃的生机。四川作为中华文明的重要发源地之一，历史文化源通流畅、悠久深厚。旧石器时代，巴蜀大地便有了巫山人和资阳人的活动。新石器时代，巴蜀创造了独特的灰陶文化、玉器文化和青铜文明。以宝墩文化为代表的古城遗址，昭示着城市文明的诞生；三星堆和金沙遗址，展示了古蜀文明的不同凡响；秦并巴蜀，开启了与中原文化的融通。汉文翁守蜀，兴学成都，蜀地人才济济，文章之风大盛。此后，四川具有影响力的文人学者，代不乏人。文学方面，汉司马相如、王褒、扬雄，唐陈子昂、李白，宋苏洵、苏轼、苏辙，元虞集，明杨慎，清李调元、张问陶，近现代巴金、郭沫若等，堪称巨擘；史学方面，晋陈寿、常璩，宋范祖禹、张唐英、李焘、李心传、王称、李攸等，名史俱传。此外，经过一代代巴蜀人的筚路蓝缕、薪火相传，还创造了道教文化、三国文化、武术文化、川酒文化、川菜文化、川剧文化、蜀锦文化、藏羌彝民族风情文化等，都玄妙神奇、浩博精深。瑰丽多姿的巴蜀文化，是中华文化的重要组成部分，有着鲜明的地域特征和独特的文化品格，是四川人的根脉，是推动四川文化走向辉煌未来的重要基础。记得来路，不忘初心，我们要以"为往圣继绝学"的使命担当，担负起传承历史的使命和继往开来的重任,大力推动巴蜀文化的传承、接续与转生,让巴蜀文化的优秀基因代代相传,"子子孙孙无穷匮也"。

四川历史文化异彩独放,民族文化绚丽多姿,红色文化影响深广,历史名人灿若星辰,这是四川建设文化强省重要的文化资源。中共四川省委、四川省人民政府秉持高度的文化自觉和文化自信,借助四川文化资源富集的优势,持续深入推进文化强省建设,先后出台《四川省"十三五"文化发展规划》《关于传承发展中华优秀传统文化的实施意见》《建设文化强省中长期规划纲要》等一系列战略规划及措施,大力推进古蜀文明保护传承、三国蜀汉文化研究传承、四川历史名人传承创新、藏羌彝文化保护发展等十七项优秀传统文化传承发展工程,着力构建研究阐发、保护传承、国民教育、宣传普及、创新发展、交流合作等协同推进的文化发展传承体系,不断探索传承守护中华文脉的四川路径。

"四川历史名人文化传承创新工程"是四川启动最早、影响最广的一项文化工程。自 2016 年 10 月提出方案,经过八个多月的论证调研、市(州)申报、专家评审,最终确定大禹、李冰、落下闳、扬雄、诸葛亮、武则天、李白、杜甫、苏轼、杨慎为首批十位四川历史名人。这十位历史名人,来自政治、文化、科技、艺术等多个领域,他们是四川历史上名人巨匠的首批杰出代表,各自在自己专业领域造诣很高,贡献杰出:李冰兴建都江堰,功在千秋;落下闳创制《太初历》,名垂宇宙。李白诗无敌,东坡才难双;诸葛相蜀安西南,杜甫留诗注千家。大禹开启中华文明,则天续唱贞观长歌。扬雄著述称百科全书,千古景仰；升庵文采光辉耀南国，万世流芳。

十大名人之所以值得传颂，不仅在于他们具有雄才大略、功勋卓著、地位崇高、声名显赫，更在于他们身上所承载的思想理念、人文精神、气质风范、文化品格等，是中华民族和巴蜀文化的集中表达。大禹公而忘私、为民造福的奉献精神，李冰尊崇自然、求真务实的科学态度，落下闳潜心研究、孜孜不倦的探求意志，扬雄悉心著述、明辨笃行的学术追求，诸葛亮宁静淡泊、廉洁奉公的自律品格，武则天巾帼不让须眉的豪迈气概，李白"直挂云帆济沧海"的博大胸怀，杜甫心系苍生、直陈时弊的忧患意识，苏轼宠辱不惊、澄明旷达的坦荡胸襟，杨慎公忠体国、坚守正义的爱国情怀，都是中华民族优秀文化的浓缩和凝聚，是四川人民独特气质风范的体现，是社会主义核心价值观的本源和本质，是四川发展的宝贵资源和突出优势。

历史名人要有现实意义才能活在当下。今天我们宣传历史名人，不能停留在斯土有斯人的空洞炫耀，而要用历史的、发展的、辩证的思维去深入挖掘、扬弃传承、转化创新，不断赋予时代内涵，不断呈现当代表达，让历史名人及其文化"站起来""活起来""动起来""响起来""火起来"，真正走出历史、走出书斋、走进社会，走向世界、走向未来。"四川历史名人文化传承创新工程"实施三年多来，全社会认知、传承、传播历史名人文化的热潮蓬勃兴起，成效显著：十大名人研究中心全面建立，一批中长期规划先后出台，一批优秀成果陆续推出；十大名人故居、博物馆、纪念馆加快保护修复，展陈质量迅速提升；十大名人宣传片全部上线，主题突出，画面精美；名人大讲堂、东坡艺术节、人日游草堂、都江堰放水节、广元女儿节等品牌文化活动多地开花，万紫千红；以名人为元素打造的储蓄罐、笔记本、手机壳、冰箱贴等文创产品源源上市，深受民众喜爱；话剧《苏东坡》《扬雄》，川剧《诗酒太白》《落下闳》，歌剧《李冰父子》，曲艺《升庵吟》，音乐剧《武侯》，交响乐《少陵草堂》等一大批舞台艺术作品好戏连台，深入人心……

"四川历史名人丛书"的编纂出版，是实施振兴四川出版战略、实现文化强省目标的重要举措，其目的是深入挖掘提炼历史名人的思想精髓和道德精华，凝练时代所需的精神价值，增强川人的历史记忆、文化记忆，延续中华文化的巴蜀脉络，推动中华文化传承创新，彰显巴蜀文化的生命力和影响力。

"四川历史名人丛书"的编纂出版，始终坚持正确的政治方向、出版导向、价值取向，深入挖掘名人的精神品质、道德风范，正面阐释名人著述的核心思想，借以增强川人的文化自信，激发川人了解家乡、热爱家乡、建设家乡的澎湃力量；始终坚守中华文化立场，着力传承中华文化的经典元素和优秀因子，促进人民在理想信念、价值理念、道德观念上团结一致；始终秉承辩证唯物主义和历史唯物主义观点，用客观、公正、多维的眼光去观察历史名人，还原全面、真实、立体的历史人物，塑造历史名人的优秀形象，展示四川文化的独特魅力，让历史名人文化为今天的社会发展提供精神动能。

"四川历史名人丛书"的编纂出版，注重在创新上下功夫，遵循出版规律，把握时代脉搏，用国际视野、百姓视角、现代意识、文化思维，将思想性、知识性、艺术性、可读性有机结合，找到与读者的共振点，打造有文化高度、历史厚度、现代热度的文化精品，经得起读者检验，经得起学者检验，经得起社会检验，经得起历史检验；注重在质量和水平上下功夫，立足原创、新创、精创，努力打造史实精准、思想精深、内容精彩、语言精妙、制作精美的文化精品，全面提升四川出版的知名度和美誉度，为建设文化强省、助推治蜀兴川再上新台阶提供思想引领、舆论推动、精神鼓励和文化支撑，为增强中华文化影响力贡献四川力量。

"四川历史名人丛书"编委会

2019 年 10 月 30 日

特殊的传记

　　为一位历史人物作传，如果有详细的历史资料可供整理、归纳、提炼、评价，自然可以写出一本较好的人物传记。大多数人物传记采用从出生到去世的顺序叙述，生动的故事多，细节也多。这种一般型的人物传记，很多，很多。研究人物的传记，成为学习历史、文学、哲学、科学、艺术、技术、教育学、人才学等学科的重要方法。这类人物传记仍然可以分为两种：文学性的人物传记和历史性的人物传记。

　　如果缺乏详细的历史资料，经典文献上只有几句话，生卒年代不确切，连姓甚名谁都有争议，那就只能合理推测、探索演绎，辅以诗歌图画，等等，用多种多样的方式来给这位历史人物作诗画传记了。文学可虚构，历史讲真实。这种特殊型的人物传记，很少，很少。我们只能从历史、教育学、人才学、各种各样的人物传记等学科著作和文献中的研究成果，反过来思考，在少量历史史料的基础上，适当做一些合理推测、概率判断，以故事新编的方法来写"传记"。

　　《落下闳传》就属于后一种类型的人物传记，既不是纯粹的历史文本传记，也不是纯粹的文学文本传记。严肃的历史文本必须尽量忠于事实，不能想象；生动的文学文本可以自由想象，虚构细节。两者很难兼顾。

我试图撰写一本"有文学性的人物传记"和"有历史性的人物传记"，即两者兼而有之的传记。历史只记大事，不记小事；文学重视细节，可以编造。文本有传播的基础，是建立在历史之上的；文本让人阅读有趣，需要再进行文学加工。

我认为，历史名人的公共阐释与历史阐释，应当尽力将"人文阐释"与"科学阐释"有机融合起来，要努力做到："历史—逻辑阐释""科学—技术阐释""人文—情感阐释""公共—交流阐释"四者交叉整合。《落下闳传》力求做到：集大成智慧，立浅显之见，聚众家之言。

《落下闳传》定位为科学传播的普及性历史名人传记。以人物的故事为线索，有史料根据，也有学者们的推测，将天文学、数学、历史、地理、文学等方面的基本知识，融合在传记里。这也是我对于"人才学"专业的新探索。

经典的史料要充分发挥核心作用，同时代其他人物传记也可以给予启迪和借鉴。落下闳的科学成就是突出而明显的，但他的生活经历和具体故事的历史记载却相当缺少，只能在一些段落里适当做合理的推测。

我的专著《世界杰出天文学家落下闳》（2001年），被席泽宗院士评论为"理性重构"的学术传记，数理性很强。该书将天文学、数学、哲学、历史等跨学科融合起来。阅读这样的学术传记，要求读者具备一定的天文学和数学的知识。我深知这样的"理性重构"的学术传记，读者面不会很宽，只适合理科教师和大学生研读参考。

现在这本《落下闳传》，力求由浅入深，引人入胜。大家知道，深度研究很困难，深入后再浅出，同样困难，也许更困难。许多知识，难以言传；有的知识，不可言传。例如，问落下闳自制的浑仪是怎样测定二十八宿的？这就只有"格物"方能"致知"了。读完这本传记，至少对落下闳的生平和巨大贡献会有比较清楚的了解。

本书涉及与落下闳有直接关系的诸多历史人物：他的不知名的父亲，他学习的启蒙人，在京城做官并推荐他进京参加历法改革的阆中人谯隆，以及汉武帝、司马迁、邓平、唐都等。通过这些同时代的历史人物可以洞察落下闳的一些生活轨迹，可以折射落下闳行走山川的身影。

本书也介绍了在科学上直接受落下闳影响的学者：扬雄、张衡、梁令瓒、僧一行、秦九韶，阆中诞生的天文学家任文孙、任文公父子和周舒、周群、周巨祖孙三人，以及唐代客居阆中的著名天文学家和历算学家袁天罡、李淳风。到了20世纪，四川大学物理系教授吕子方成为系统研究落下闳的第一人。

本书还介绍了落下闳在世界科学史上的地位。落下闳对"浑天说"的提出与《太初历》的制定做出了杰出贡献，他应用自制的浑仪，采用赤道式坐标系测定二十八宿的赤经差等，建构了"落下闳系统"。比他晚200多年的古希腊"托勒密系统"与之相较，各有千秋。我在吕子方教授研究的基础上，对"落下闳系统"与"托勒密系统"做了比较研究，论述了"落下闳系统"在现代科学中的地位。

期待读者读了《落下闳传》之后，能够知道：为什么人们称落下闳为"春节老人"？为什么说落下闳是"浑天说"宇宙论的开创者？落下闳对于二十四节气有什么独特贡献？对于公元前104年汉武帝颁布的《太初历》，落下闳做了哪些关键的创新？为什么天上有一颗星被命名为"落下闳星"？为什么认识"落下闳系统"就会知道中国古代有科学？为什么说中国古代科学成就可以通向现代科学？

读《落下闳传》，建议读者先读《前言》和《后记》，"叩其两端"，形成一个简单明了的整体印象。读一读我写的《落下闳赞》，看一看我写的《落下闳精神》及《巴蜀颂辞》等，当有了比较感性的整体了解，再去阅读这本描写科学家的《落下闳传》，就更容易理解落下闳的成就及贡献。

本书为2017年首批十位四川历史名人的传记之一，这十位是：大禹、李冰、落下闳、扬雄、诸葛亮、武则天、李白、杜甫、苏轼、杨慎。十位四川历史名人，从历史发展的时间顺序看，他们承前启后，继往开来，持续影响着后人后世。

本书最后的《落下闳年谱》中，按照年代顺序，介绍了落下闳生活的时代、落下闳的重要大事，以及相关的国家大事。突出重点，要言不烦，一目了然。随着实物考古的新发现、经典历史文献的再解读，我将在以后纠正错误，改正缺点。

本书写作过程中，成都七中退休教师曹宝静在资料选择、文本打印、文字润色、稿件校对等方面做了大量工作，完成本书，有她一半功劳。

落下闳简介

2004年7月，"国际小行星命名委员会"发布《小行星通报》：将16757号小行星命名为"落下闳星"。2017年7月，落下闳被"四川历史名人文化传承创新工程领导小组"评选为首批十位四川历史名人之一。现对他的生平事迹及其社会影响，简述如下：

西汉天文学家，复姓落下，名闳，字长公，巴郡阆中（今属四川南充）人。汉武帝元封年间，经阆中人谯隆推荐，受武帝征聘，官居太史待诏。在京城长安，落下闳与邓平、唐都创制《太初历》。他精通天文历法，承担"运算转历"、观测天象等重要工作。太初元年（前104年），汉武帝正式颁布《太初历》。之后汉武帝聘落下闳任侍中（顾问），他婉辞未受，回到家乡阆中，隐于落下亭，继续观天测地，传法后生。

他自制浑仪测定二十八宿赤道距度（赤经差），并与二十四节气结合起来。首次提出交食周期，以135个月为"朔望之会"。他是《太初历》的主要创立者，"浑天说"创始人之一。他不仅制造了观测星象的浑仪和用于演示的浑象，还建立了我国最早的民间观星台，奠定了我国古代宇宙结构理论基础，对于推动中国天文学的发展，起到了重要作用。2004年，经过国际天文学界的认可，"国际小行星命名委员会"将编号为16757号的小行星，命名为"落下闳星"。

在四川，与落下闳有关的历史遗存有：南充市阆中古城、盘龙山、云台山、桥楼乡、落阳山、落阳沓、高阳山、落亭、管星街、星座楼、观星台、春节文化主题公园等十余处。

落下闳将二十四节气的安排方式科学化，"以无中气之月置闰"，至今仍然在应用。《太初历》是我们认识理解中国传统的一百多种历法，以及认识中国传统的"浑天说"宇宙理论不可缺少的基本知识。落下闳最先采用的赤道式坐标，被现代天文观测普遍采用。他从历法上确定"以孟春正月为岁首"，将"迎新年"与"迎春天"统一起来，体现了中国人"道法自然"的科学精神，因而人们尊称落下闳为"春节老人"。2016年，"二十四节气——中国人通过观察太阳周年运动而形成的时间知识体系及其实践"列入联合国教科文组织人类非物质文化遗产代表作名录。落下闳对此有重要贡献。

一句话评价：落下闳研究制定的《太初历》，集中国古代传统历法之大成，在系统观测和数学算法方面有一系列创新，成为"落下闳系统"，与比他晚200多年的古代希腊天文学家托勒密通过《天文学大成》所建构的系统一同成为永载人类史册的天文学经典。

一句话赞扬：通天彻地落下闳，智慧人生亮古今。

落下闳赞

少年时代，生逢其时。

生日之谜，众人推断。

落下之姓，犹如神仙。

成长地点，天上人间。

青年时代，迷恋学习。

儒学启蒙，道学钻研。

领会历法，学会推算。

寻师求学，星宿夜观。

壮年时代，京都七年。

同乡谯隆，京城推荐。

制作浑仪，观象于天。

建模演示，一目了然。

数据为准，历数精算。

十八方案，脱颖冒尖。

指明误差，做出预言。

汉武嘉奖，授予高官。

辞官隐退，传播知识。
低调做人，从不渲染。
前有先师，后有接班。
阆中圣人，永照人间。

来自民间，回到民间。
为而不争，道家风范。
集大成之，智慧超前。
默默无闻，回归上天。

不言之教，高人崇拜。
张衡传承，光耀人间。
唐代学者，追步长公。
阆中任周，继承祖先。

创新卓越，影响深远。
外国学者，认真钻研。
川大教授，全面深探。
评价俱增，代代高攀。

千年之后，大放光彩。
中央电视，风采点赞。

春节老人，人人喜欢。

科学进步，深度拓展。

2017年12月2日作于成都青城山

这首名为《落下闳赞》的短诗，就成为我撰写《落下闳传》的提纲了！请读者再浏览一首我写的白话诗，看一看是否可以感受到落下闳的科学精神。

落下闳精神

前不见您的老师，

您所学的中华经典却得以传承；

后不见您的学生，

您的学生却与日俱增。

夜晚，您仰望观测天象，

白昼，您埋头运算转历；

您首先创制浑仪和浑象，

展示浑天说的实物模型。

您测定二十八宿的空间位置，

二十四节气的太阳运行过程。

天地人、日月星，时空融合，

您将节气与星座，一一对应。

您深知中国民间的风俗人情，
"以孟春正月为岁首"复夏正。
迎接春天，就是迎接新年，
阆中老百姓称您是春节老人。

您发现"通其率"算法特征，
启发解同余式组和不定方程，
促进秦九韶发现大衍求一术，
调解决定论与不定论的矛盾。

您有墨家的实践精神，
只做不说，身体力行；
您有"人法地，地法天"精神，
道法自然，为而不争。

您有儒家的仁爱精神，
敬鬼神而远之，不迷信。
您只留给后人，一句话：
后八百年太初历差一日。

您精通《周易》，认识乾坤，
知晓阴阳互补，理解五行。
您创"浑天说"、制《太初历》，
成为中国数理天文的范本。

汉武帝生，您同年生，
您在京城勤恳工作七年整。
汉武帝死，您也同行，
您是刘彻皇帝的知心人。

公元前104年，《太初历》颁布，
您辞官，回阆中，隐落亭。
继续观天测地，传法后生，
您集大成而创新，亮万年之光明。

2004年，国际编号16757小行星，
在北京正式命名为"落下闳星"。
2017年，在您的家乡巴蜀大地，
首次评选您为四川历史文化名人。

"浑天说"、《太初历》，体系形成；
公元2世纪，古希腊有托勒密其人
建立"地心说"，写《天文学大成》。
落下闳与托勒密，宇宙两大巨星。

2017年12月12日作于四川阆中

少年时代，生逢其时

　　落下闳，姓落下，名闳，字长公，巴郡阆中人（今四川阆中人），大约生活于公元前156—前87年。

　　落下闳的出生地和隐居地应在现在的阆中桥楼的落阳山下的落阳呇（今阆中桥楼落阳乡）。清代，在山垭上建有"落垭庙""长公殿"。落阳山上有一凸起的山包，当地人称之为高阳山，那里非常适合进行天文观测。山垭口是古蜀道咽喉之地，交通方便。落阳山上现建有落下闳塑像。

落下闳，姓落下，名闳，字长公，巴郡阆中人（今四川阆中人），大约生活于公元前156—前87年。根据他在天文历算方面的杰出贡献，以及科学家做出重大贡献时的年龄的统计数据，推测落下闳大约与汉武帝同年出生，同年去世。

落下闳的出生地和隐居地应在现在的阆中桥楼的落阳山下的落阳畣（今阆中桥楼落阳乡）。清代，在山垭上建有"落垭庙""长公殿"。落阳山上有一凸起的山包，当地人称之为高阳山，那里非常适合进行天文观测。山垭口是古蜀道咽喉之地，交通方便。落阳山上现建有落下闳塑像。

落下闳出生在阆中落阳山，他生活与活动的地方，当然就不仅仅在出生的地方了，阆中古城宽阔啊！阆中老观人谯隆，推荐落下闳到京城长安去参与历法改革。阆中老观距离阆中落阳山有上百里。谯隆如何认识落下闳，而且深知落下闳精通天文历算？落下闳与谯隆都不可能只生活在自己的出生地。落下闳与谯隆，他们两人求学的地方，在阆中古城里的可能性更大。

四川阆中盘龙山国家森林公园位于阆中城郊，环绕阆中古城区，2013年1月25日经国家林业局正式批准设立。森林公园以大盘龙山、小盘龙山、锦屏山、灵山、玉台山、西山及绕城而过的一湾嘉陵江水为主体，形成"三面江光抱城郭，四围山势锁烟霞"的格局。其中的灵山也是古代观测天象的地方，落下闳也曾在那里留下足迹。

阆中杨林由老先生（2017年时，已是102岁高龄），提出不同看法。他写过一篇文章，提出对落下闳的出生地不要胡编乱造。这篇文章刊登于阆中市历史文化名城研究会主编的《名城快报》2017年第1期，总第58期，标题为：《不要改变国史"落下闳，巴郡阆中人也"的定位》（2017年3月25日）。

杨林由老先生认为，落下闳是阆中人，至于更具体的出生地点，他认为不是在落阳山。杨老先生担心：在汉代，落阳山那个地方有可能不属于阆中的地域。至于更具体的地点在哪里？老先生没有指明。我期待考古的新发掘、文献的新发现、证据的新解释等。历史判断，需要证据！

据现在掌握的资料推测：落下闳大约生活于公元前156—前87年。这个生卒年代恰恰与汉武帝刘彻的生卒年代一致。阆中的一些学者和老百姓乐于选择这种推测。汉武帝刘彻的生卒年代历史上有文字记载：公元前156年7月14日—前87年3月29日。汉武帝刘彻在16岁时（前140年）登基，正式做了皇帝，是西汉第七位皇帝。这时落下闳也已到"十五而志于学"的年龄。

落下闳的少年时代，正是历史上著名的西汉"文景之治"的大好时代，即汉文帝和汉景帝当政的时代。文景时期，继续推行汉初"无为而治"的方针，即以"无为而无不为，无治而无不治"的道家辩证思想为治国宗旨。当时各项政治措施实际上都基于"无为而治"的思想展开，这使得汉朝的国力逐步恢复和强大。文景时代，比较宽松和谐的政治空气，有利于社会经济的发展和文化的进步。

落下闳的青壮年时代，正是中国历史上以"雄才大略"著称的汉武帝当政的时代。汉武帝刘彻的祖父是孝文皇帝刘恒，他的父亲是孝景皇帝刘启，母亲是孝景皇后王氏。刘彻的谥号是孝武皇帝。《史记》中关于王太后的记载是：汉武帝"未生而孝文帝崩，孝景帝即位，王夫人生男"。汉武帝出生之时，汉文帝去世，汉景帝登基，朝廷官员忙于国家大事，王夫人是哪一天、哪个时辰生下汉武帝的，史书上没有准确记载。于是就留下了千古之汉武帝"生日争议"。

据《汉书》记载，汉武帝生于汉文帝驾崩那年，即后元七年的七月七日（前157年8月10日），当年为甲申年。这与《汉武故事》中"帝以乙酉年七月七日（前156年7月31日）生于猗兰殿"的记载相差甚大，年月日都不同。现在，还是根据《史记》《汉书》推断汉武帝生于汉景帝即位那天，即六月丁未日（前156年7月14日）。由于历史的记载不一致，汉武帝的生日也是推断出来的。

公元前156年在阆中出生的天文学家、历算学家落下闳，历史书上没有记载他出生的年月日和时辰，我们也只有推测了。

11年之后，公元前145年，在今陕西韩城，史学家、文学家司马迁出生，他出生的年代也是王国维先生推测的，而郭沫若推测司马迁的出生年代是公元前135年。这个争议至今仍然存在。司马迁与落下闳在西汉改革历法时，有过七年的共事经历。如果说落下闳与汉武帝有缘的话，那么，落下闳与司马迁就更有密切关联了。

事实上汉武帝、司马迁、落下闳三位历史人物，出生的年代都有争议。

生日之谜，众人推断

知之为知之，不知为不知

原中国科学院自然科学史研究所所长席泽宗先生，在《中国大百科全书·天文卷》（1980年）中，明确写道："落下闳 中国西汉民间天文学家。生卒年不详，活动在公元前100年前后。字长公，巴郡阆中（今四川阆中）人。"《中国大百科全书》的条目撰写要求严格。"知之为知之，不知为不知，是知也。"（《论语·为政》）落下闳的生卒年代，没有历史文献的准确记载。

英国剑桥大学著名学者、中国科学技术史研究专家李约瑟（Joseph Needham），在他的《中国科学技术史》（1979年）中没有推测落下闳的出生年代，只是强调落下闳活跃于公元前140—前104年，并率先给了落下闳一个拉丁语的拼音姓名：Lohsia Hung。

汉武帝建元元年（前140年），汉武帝登基，诏举贤良方正直言极谏之士。董仲舒（前179—前104年）对策，建议罢黜百家，独尊儒术。公元前104年，汉武帝颁发《太初历》，董仲舒卒。汉武帝太初元年（前104年）这一时间对落下闳非常关键。汉武帝颁布《太初历》，改革了从秦始皇时代全国统一使用的《颛顼历》。

大约在公元前140年，落下闳开始到阆中城里求学；公元前104年，落下闳等人创制《太初历》，正式由汉武帝颁布，全国使用。之后，落下闳却辞官隐退回老家阆中。落下闳曾经在京城长安与司马迁共事七年（前110—前104年）。落下闳以其"制浑仪浑象，测二十八宿，改《颛顼历》为《太初历》"等成果，奠定了中国"浑天说"宇宙论的基础，成为中国汉历不断改革、持续更新的元本。

公元前110年，太史令司马谈卒，著有《论六家要旨》。司马谈的儿子司马迁（约前145—？年），字子长。早年受学于孔安国、董仲舒，成年后漫游各地，了解民情，采集传闻。初任郎中，奉使西南。汉武帝元封三年（前108年）任太史令，继承父业，著述历史。司马迁以其"究天人之际，通古今之变，成一家之言"为宗旨，创作了中国第一部纪传体通史《史记》（原名《太史公书》）。

整理一下秦始皇、汉武帝、董仲舒、司马谈、落下闳、司马迁这六位历史人物之间的关系。哪些知道，哪些还不知道？将不知道的变为知道，就是一种有深度的学习。

推测有据，绝非定论

我在《世界杰出天文学家落下闳》（2001年）中，推算落下闳生活的年代："大约公元前156—前87年"，注意有"大约"二字。但是，在这本书后半部分的英文中，却写道：落下闳活跃于公元前140—前104年，大约逝世于公元前87年。英语表述为：Lohsia Hung flourished between 140BC and 104BC，and died about 87BC。落下闳的逝世年代也是推测的。

推测落下闳出生年代的基本依据是：落下闳在公元前110年至公元前104年，一直在当时的京城长安（今西安）参与制定《太初历》的工作。那时，他应当是40多岁，会制造浑天仪（浑仪和浑象统称浑天仪），观测二十八宿，精通天文历算，已经是名副其实的一流专家了。故他的出生时间应在公元前150年以前。如果说落下闳出生在公元前140年，那么，落下闳到京城工作才30岁，似乎年龄小了一点。落下闳出生在公元前156年，有一定合理性，生于这个年代的概率比较大。

当代学者统计1901年至1950年诺贝尔物理学奖、化学奖、生理学及医学奖这三项的获得者的平均年龄约为50岁。这些获奖者大约在获奖前10年就开始从事相关学科前沿课题的研究了。在古代，科学家要做出一流的贡献，平均岁数也大约在40岁至50岁之间。这是一个统计概率的分析。

汉武帝元封元年（前110年），落下闳应召赴京，参加改革《颛顼历》，创制《太初历》，时年46岁。汉武帝太初元年（前104年），汉武帝正式颁布使用《太初历》，用夏正，始以正月（建寅月）为岁首。为表彰落下闳在创制《太初历》工作中的功劳，汉武帝聘请落下闳为侍中，他辞而未受。辞官隐退的理由只有两条：其一，年纪大了（52岁）；其二，回家守孝（父母去世）。如果他此时只有40来岁，是难以用"年纪大"作为辞职理由的。也许汉武帝给了他任务，回家继续观天测地，验证《太初历》。

宋森林、侯兴国、彭莉三人合著的《落下闳传奇》（宁夏人民出版社，2016年）中，不仅猜测落下闳与汉武帝刘彻"同庚"，即两人是同年生，而且写道："汉武帝接到落下闳的丧报，当晚逝世。"这本《落下闳传奇》是文学为主、兼历史科普的传记著作，可以大胆想象，细节生动，故事精彩。汉武帝与落下闳两人在"制定和颁布《太初历》"上，真正是太有缘分了。当然也有可能是：落下闳得知汉武帝驾崩，不久逝世。

期待发现，准确传播

落下闳生卒的确切年代，有待于历史文献的再发现，以及考古的新发现再来确定。大家的推测有一定道理，民间传说也有一定的依据。我们发现，本来推测的落下闳的生卒年代，推测者只能写上"大约"，但是，后来就慢慢固定化了，成为一个"历史事实"，而且，也不乏相互矛盾的地方。信息传播通常要走样，这是可以理解的，但是，主流媒体应当力求准确。

网络上的"百度百科"在"落下闳"（2018年）的条目中，就将其生卒年代固定了，把"大约"这两个不能删去的字去掉了！该条目的内容为：

　　落下闳（前156—前87年），中国西汉民间天文学家，活动在公元前100年前后。字长公，巴郡阆中（今四川阆中）人。元封年间，汉武帝为了改革历法，征聘天文学家。经同乡谯隆推荐，落下闳由故乡到京城长安（今陕西西安）。他和邓平、唐都等合作创制的历法，优于同时提出的其他17种历法。

在这本《落下闳传》中，我还是认定：落下闳的生卒年代是大约公元前156—前87年。

司马迁与落下闳生活在同时代，而且关系密切。二人在京城长安，为改革《颛顼历》，创制新历，共事七年之久。司马迁是中国名列第一的大史学家，留下《史记》一部。在《史记》中，他给众多的古代人物写过传记，对于自己的家族史也有记载。但是，他忘记了在《太史公自序》里写明自己生于何年、何月、何日，也没有留下任何材料可供他人推断他大约卒于何年。

20世纪初，王国维先生发表《太史公行年考》，推断司马迁生于汉景帝中元五年（前145年），约卒于汉昭帝始元元年（前86年）。20世纪40年代，李长之认定王国维将司马迁的出生年代算错了十年。20世纪50年代，为准备纪念司马迁这位世界文化名人诞生2100周年，郭沫若发表了《"太史公行年考"有问题》一文，得出与李长之同样的结论。这一争端，至今仍然存在。

现在，《中国大百科全书·中国文学卷》（1986年）中，司马迁的生卒年代是："公元前145或前135—前87年？"。但是，《中华世纪坛青铜甬道铭文》中写道："公元前90年（辛卯），汉武帝征和三年，史学家、文学家司马迁约卒于此时，所著《史记》为我国第一部纪传体通史，亦为文学名著。"

汉武帝时代，人才辈出，其中，深刻影响后世的杰出人才，除了汉武帝刘彻本人，大史学家、大文学家司马迁，是世界公认的文化名人！大天文学家、大历算学家落下闳，也是世界公认的文化名人了。但是，为什么至今知道落下闳的人还非常少呢？值得我们反思。本书，就是在做弥补工作。这是我们中国学者不可推卸的社会责任。

多亏大史学家司马迁，在《史记·历书》中为落下闳写下关键的八个字："巴落下闳运算转历"。其一，指明落下闳来自巴郡（阆中）；其二，写明落下闳负责历法中的计算。这个历法的特点是：推算日月五星转动周期的历法，强调是"转历"，而不像"古六历"那样只是"日月历"，并没有推算"上元积年""太极上元"等转动而会合的周期。

西汉末年，蜀郡成都人、大文学家扬雄，在《法言·重黎》中为落下闳写下关键的十个字："或问浑天，曰：落下闳营之"。其一，指明浑天仪是落下闳创制的；其二，这是圆球宇宙形状的"浑天说"图像的实物模型。上述这十八个关键的字，确立了落下闳天文学家、天文历算家的地位。真是"一字值千金"啊！

落下之姓，犹如神仙

落下闳名字的三个释义

落下闳是复姓，姓落下，名闳，字长公。"落下"这个复姓很罕见，见于历史记载的前人就只有西汉的天文学家落下闳，后来，似乎无人姓"落下"了。"落下"仿佛是"从天而降""巨星下凡"，降落的地方是阆中桥楼的"落阳山"。一条美丽的龙溪河在落阳山、老牛山等数山之间徘徊，冲击出一片半岛式的河滩。半岛边上有楼，楼上建有一座跨河桥，通往对岸。现在此滩取名为桥楼滩。

释义之一。落下闳出生地在阆中桥楼的落阳山下，在半山腰的一片开阔的地面，称为"落阳旮"。在落阳山之顶，拔地而起，有一座高阳山。站在高阳山，视野开阔，适宜天文观测。落下闳在那里领悟了宇宙的图像不是半球，而是完整的"浑天"。落下闳就是从"天门"落下来，进入"地门"，再进入"人门"。故曰：落下之姓，犹如神仙。

释义之二。仔细看一看落阳旮周围的地形。落下闳家面对的南山，自然形成一个风垭口，犹如开了一扇门。龙溪河弯弯曲曲流出一道"雄家湾"。门里出英雄，厷与雄意义一样。家门口的地理就是天生的一个字"闳"，懂风水的道士说"闳即广阔宏大"。落下闳的名字就这样隐藏在地形之中。人法地，地法天，天法道，道法自然。

释义之三。有了如此天时、地利、人和，落下闳的父亲就给儿子取名为落下闳。"闳"字与"宏""大"相通，意思是宽广、博大。"闳"，形声字，从"门"，从"厷"。"厷"字形为"公"的变形；字音来自"公"。"天下为公"。落下闳的父亲就给儿子取了字：长公。的确，落下闳其人其名，宽广博大，隐而不露，经久不衰！落下闳永远给人类做出榜样：长公！永远追求天下为公！

落下闳的名字如此释义，也许可以自圆其说。落下闳出生的时代易学繁荣，道学兴盛，儒学复兴。巴蜀大地的文化，历来兼容并包。在汉代，易学、道学、儒学融为一体，相互不排斥。这是落下闳其人成为大科学家的重要的社会文化方面的深层原因。从他父亲给他取的名字，也能体会到"易、道、儒"融合。落下闳名字的三个释义，帮助大家深刻记忆：

中国西汉，汉武帝时代，阆中出了个科学家：落下闳！字长公！

民间传说，也有巧合

据《桥楼乡志》记载："传说落下闳就是我们桥楼乡落阳沓人。他出生时，风雨交加，山崩地裂，形成了现在的崩山坪。他从小聪明伶俐，常到屋后的高阳山看日出日落，用竹竿测日影。晚上看星星，用铜壶制漏仪，勤奋好学，也时常到远处求学，后来成为著名的天文学历算学家。"至今，在落阳山上还留有纪念落下闳的"长公殿"，民间传说也有谱。

天文影响地理，地理影响人文，天地人相互感应。阆中桥楼乡人，如今77岁的老教师贾信泰先生写道："天文关乎星象，星象对应人事，人事赋予风水，风水察归地理。在桥楼乡，有落阳山独峙拔萃，其山前有高阳山，山后有大梁山，山左有老牛山，山右有五龙山。置身落阳山之梁峦，可最早见到旭日喷薄，说奇之处更在于过正午而不阴，于最晚时观日落熔金，壮美无匹。"

阆中西边有落阳山，落阳山之东，有一座初阳山，是可最早看到日出的一座山；落阳山之上，可最晚见日落。落阳山以此而得名。落阳山上的高阳山，因夕阳西下时高出太阳，所以得名高阳山。高阳山顶上原建有观星楼。年轻人二十多分钟就可以从落阳山登上高阳山顶。从落阳山登上高阳山，有三级比较平坦的台阶。当地人称为一台、二台、三台。从不同台阶，可以看到傍晚太阳落下、落下、再落下的全过程。

整个落阳山脉，都是落下闳活动的范围。当然，他在高阳山观察得较多，那里曾留下当年落下闳脚蹬轻屐身着蔽袍，爬坡上坎登台瞭望观测天象的足迹。落阳山、初阳山、赶阳山、双阳山、高阳山蕴藏"天机"，富有诗意。"落阳"这个关键词，将落下闳与汉武帝的传说，紧紧萦系在一起。

汉武帝生于汉景帝元年（前156年），母王氏。王氏怀孕时，汉景帝尚为太子。王氏梦见太阳进入她的怀中，告诉汉景帝后，汉景帝说："此贵征也。"刘彻还未出生，他的祖父汉文帝"驾崩"，"地动山摇"。汉景帝即位后，刘彻出生，他亦是王氏唯一的儿子。

在阆中的民间传说中，有一段故事：落下闳原来姓"王"，他家所在的落阳山半山腰的落阳旮，大多数世居村民姓"王"。他的本名应是"王闳"。在京城做官的同乡谯隆深知他精于天文历算，故向汉武帝推荐。"王闳"到京城长安见到汉武帝时，他不敢说自己姓"王"，自忖老家在落阳山，就说姓落下名闳。这个民间说法的真实性比较低，但是，却能解释姓"落下"的人很少这一问题。

后来又增加了这样一个传说，还是有点"不靠谱"的：落下闳的母亲姓"王"，也是一位王氏。他们家就在落阳山，有一天夜晚，王氏突然梦见太阳落进她的怀里，于是就有了在"山崩地裂"之时出生的落下闳。这与汉武帝诞生的故事大同小异。大同的是：他们两人的母亲都姓"王"，都是母亲梦见太阳落进怀里而怀孕的；不同的是，一个男孩诞生在京城皇宫，一个男孩诞生在巴郡阆中。

这原本是故事新编，久而久之，也就成为一种民间传说了。

姓氏之谜，还有误传

历史上还有一种误传，说落下闳并不姓"落下"，而是姓"黄"，名字叫"黄闳"。这也说明落下闳在生前做人低调，不去张扬，不为世人所知；落下闳隐退回阆中之后，更是远离尘世，连他的后人也可能隐姓埋名了。落下闳在京城长安做重要的天文历法工作，"天机不可泄露"，其他人就知之甚少了。

这个误传起源于西汉年间。扬雄（前53—公元18年），字子云，蜀郡成都人。他是著名的文学家，也是有突出贡献的天文学家。他原先相信"盖天说"，后来，转而坚信"浑天说"。

古代有一本书《御览》，其卷二引《桓子新论》里的一段话："扬子云好天文，问之于黄门作浑天老工，曰我少能作其事，但随尺寸法度，殊不达其意……"

《北堂书钞》卷一百三十"落下闳浑天"条亦引用《桓子新论》写道："扬子云好天文，问之于黄门作浑天老工，闳曰我少能作其事，不达其意。"

两条原本是一个材料，但是，《北堂书钞》错误地将"落下闳作浑天"和"黄门作浑天老工"混为一谈，并且误加"闳曰"，有人便误将"黄门"认定为"黄闳"，误认为"黄闳作浑天老工"。

一本写中国古代数学家传记的书《畴人传》，照抄《北堂书钞》。如此传播下去，一些书上就说落下闳是姓黄，全名是"黄闳"。清代学者阮元在《畴人传》上册中专门写了一条"落下闳"，有400个字，而重复和错误有几处（清·阮元撰：《畴人传》上册，商务印书馆，1955年）。

张澍的《蜀典》写道："黄闳即撰《太初历》之落下闳，是落下闳姓黄也。颜师古以为'姓落下名闳'，误矣。历世相沿，没知其非。"

直到现代，一些出版的书中也这样说：落下闳姓"黄"。

例如，《中国数学史大系·第五卷两宋》（北京师范大学出版社出版，2000年）在"册封畴人"中写道："落下闳　《百家姓》未收'落下'这一姓。东汉《风俗通义》记，汉代有落下闳，说他是巴郡人，本姓黄，以其隐居地名落下，因以为姓，而中书舍封他为阆中男。按：阆中在今四川省北部阆中县境。据此我们对落下闳的籍贯有进一步认识。"

作为算学家的落下闳，他的籍贯在今四川阆中，这是对的。但是，他就是姓"落下"，而不是姓"黄"。

想一想，落下闳生活的时代为大约公元前156—前87年；扬雄生活的时代是公元前53—公元18年。扬雄问"黄门作浑天老工"的时代，至少是在公元10年前后，那时，落下闳是已经作古的人了。落下闳与"黄门老工"不可能是同一个人。这种误解也似乎可以理解：落下闳最先创制浑天仪，黄门老工也模仿制作浑天仪，于是，混淆了！

最先指出错误，并找到这种严重"误传"原因的学者，是四川大学物理系教授吕子方（1895—1964年），他专门撰写了一篇文章：《落下闳并非黄门老工考》。可惜他的文章在他生前未能正式发表。由此引出的经验教训是：中国人应当加强对中国科学家的深度研究，搞清楚他的科学贡献及其历史意义，不能连姓甚名谁都混乱不清。

中国西汉时期，杰出的天文历算学家落下闳，就是姓落下，名闳，字长公。

落下闳的英文名字，在西方的文献中是：Lohsia Hung。

英国科学家李约瑟的著作：*Science and Civilization in China*，Vol.Ⅲ。这是一部多卷本的经典著作，英文版由英国剑桥大学出版，至今还没有全部出版完。在这一巨著中，李约瑟翻译落下闳的名字时使用的是拉丁文拼音。这一套书的中文书名是《中国科学技术史》，目前我国已经有几种翻译本出版了。

此外，李约瑟原著，柯林·罗南改编的《中华科学文明史》（第二卷），上海交通大学科学史系译，江晓原策划，上海人民出版社于2002年出版。这是李约瑟原著的缩写本。第二卷是介绍天文学的，简单易懂，重点突出。其中，落下闳的汉语拼音是：Luoxia Hong。

落下闳的外语名字，今后应当改用汉语拼音。落下闳已经走进世界天文学界了。他是中国人，故应当名正言顺地有一个唯一的汉语名字和汉语拼音。网上也有将落下闳的名字拼写为：Lao xia hong。这会引起误会，以为他不是复姓"落下"，而是单姓"落"，名下闳。如何规范一位历史名人的名字，需要《中国大百科全书》予以规范统一。

成长地点，天上人间

西汉，阆中、长安、洛阳

落下闳成长的时间，在中国的西汉时期。生前他去过的地方有巴郡阆中、京城长安、大城洛阳，最后隐居阆中。少年和青年时代，他大部分时间在巴郡阆中"仰望星空"。落下闳在故乡阆中学习，经过数十年的"观天测地"，又学会了天文历算，终于达到"通天彻地"的水平，逐渐形成了"浑天"的宇宙图像，懂得了如何"运算转历"。壮年时代，在阆中人谯隆的推荐下，他跋山涉水，辗转千里到了京城长安，参加改革《颛顼历》，研制《太初历》，他的天文历算的才华有了用武之地。落下闳同邓平、唐都合作制定的《太初历》，经过了三个地方的实际天象观测，据说落下闳被派到洛阳实际检验他们的方案。最后，落下闳等人的方案最优，终于为汉武帝采纳。汉武帝授予落下闳"侍中"（顾问），他辞而未受，回到阆中隐居。

汉武大帝，真诚求贤

汉武帝时期，取得一系列历史成就。派张骞出使西域，开拓了从长安到达欧亚大陆的丝绸之路，将中国的商品和文化传播到世界；经济上，汉武帝采纳桑弘羊的主张，由政府直接经营运输和贸易；军事上任用卫青、霍去病为大将，解除了匈奴的威胁；统一今两广一带，对全国广大百姓宣扬儒道以示政府的怀柔，对政府内部又施以严酷刑法来制约大臣。由此奠定了中国封建大一统的政治格局。

汉武帝采用董仲舒"罢黜百家，独尊儒术"的建议，纠正了秦始皇极端的"焚书坑儒"的错误政策，平衡了儒学与道学的关系，为儒学教育在中国古代的特殊地位铺平了道路。随后，汉武帝在长安创立专门进行儒学教育的最高学府——"太学"。汉武帝时期，汉朝诸子百家的思想都得到了发展。在宣扬儒学的同时，汉武帝亦采用法规和刑法来巩固政府权威和皇权地位，采用内法外儒的管理体制。

汉武帝善于培养人才和选拔人才。汉武帝创建乡学，设立太学，建立举贤制度，形成了中国独特的文官制度。汉武帝的用人标准是唯才是举，在位期间曾于元光元年（前134年）及元封五年（前106年）两次颁布求贤诏。

汉景帝后元元年（前143年），文翁为蜀郡守，在成都兴办学校，后来得到汉景帝和汉武帝两位皇帝的赞扬。《汉书·循吏传》较为完整地记载了"文翁兴学"的历史：

> 文翁，庐江舒人也。少好学，通《春秋》，以郡县吏察举。景帝末，为蜀郡守，仁爱好教化。见蜀地僻陋有蛮夷风，文翁欲诱进之，乃选郡县小吏开敏有才者张叔等十余人亲自饬厉，遣诣京师，受业博士，或学律令。减省少府用度，买刀布蜀物，赍计吏以遗博士。数岁，蜀生皆成就还归，文翁以为右职，用次察举，官有至郡守刺史者。
>
> 又修起学官于成都市中，招下县子弟以为学官弟子，为除更徭，高者以补郡县吏，次为孝悌、力田。常选学官童子，使在便坐受事。每出行县，益从学官诸生明经饬行者与俱，使传教令，出入闺阁。县邑吏民见而荣之，数年，争欲为学官弟子，富人至

出钱以求之。由是大化，蜀地学于京师者比齐鲁焉。至武帝时，乃令天下郡国皆立学校官，自文翁为之始云。

文翁终于蜀，吏民为立祠堂，岁时祭祀不绝。至今巴蜀好文雅，文翁之化也。

"文翁办学"启发了汉武帝，在元朔五年（前124年）汉武帝开始在京城长安"兴办太学"，实为我国兴办公立大学的开始。汉武帝为五经博士置弟子五十人。时孔国安为博士，传授孔氏所藏《古文尚书》。地方郡国可按一定条件选送一些人，受业如弟子。经考试，能通一艺以上，可作官吏，诸子百家，皆有发展机遇。

汉武帝时代，大力提倡兴办学校。先肯定和推广文翁在地方兴办公立学校的举措，进而在京城长安"兴办太学"，这是高水平的大学。汉武帝时代，人才辈出，成就巨大。班固说："汉之得人，于此为盛！"这种现象是汉武帝求贤若渴、办学有力、用才有方的结果。

汉武帝在历史上首先使用"年号"，先后有：年号1——建元、元光、元朔、元狩、元鼎、元封；年号2——太初、天汉、太始、征和；年号3——后元。使用"年号"类似于"六年计划"或"四年计划"，即表明几年之内要做好一两件大事。

实际上，年号1，均是六年的"政治经济规划"；年号2，均是四年的"政治经济规划"。汉武帝非常具有社会使命感。年号"太初"，表明汉武帝改革《颛顼历》为《太初历》，取得成功，并在全国实施。

汉武帝是一位有着雄才大略的帝王。他继承了高祖、文帝、景帝治国用才的方法，亲自颁诏督促选拔人才做官或为将，用人之所长，不拘一格。《汉书·武帝纪》中《武帝求茂才异等诏》就是武帝破格取用人才的诏令。诏令全文：

盖有非常之功，必待非常之人。故马或奔踶而致千里，士或有负俗之累而立功名。夫泛驾之马，跅弛之士，亦在御之而已。

其令州郡察吏民有茂才异等，可为将相及使绝国者。

这是在采纳董仲舒的建议后，建立起的求取茂才的察举制度。众所周知，皇后卫子夫是从奴婢中选拔出来的。卫青、霍去病分别是从奴仆和奴产子中选拔出来的。而丞相公孙弘、御史大夫儿宽，以及严助、朱买臣等人都是从贫苦平民中选拔上来的；御史大夫张汤、杜周和廷尉赵禹则是从小吏中选拔出来的。

征和四年（前89年），汉武帝向天下公开发布诏告，忏悔自己穷兵黩武给百姓造成了痛苦，表白自己内心的悔意。这一份著名的《轮台罪己诏》，是中国历史上第一份帝王罪己诏。汉武帝实为中国历史上难得的有为之君。

汉武帝的人才观与落下闳成为杰出天文学家直接相关。落下闳遇上了汉武帝，实为大幸。汉武帝发现《颛顼历》用了很久，已经明显不合天象了，于是坚持要改革历法。当时，朝廷里也有"反对派"，坚持"历法天定""上有神仙""下有祖传"，等等，抵制改革历法。汉武帝在改革历法方面，认为历法必须"合符天象"。这种科学观点，体现了"实践是检验真理的唯一标准"。

京城里的天文历算家们，对于改革历法心中无数，没有形成真正符合实际的"新宇宙观"。古六历，特别是还在使用的《颛顼历》，只有几步简单的运算。要制定新的历法，宫廷内的历法官员坦率承认：不会计算。这时，生长在巴郡阆中的落下闳，得天独厚，不仅认识到《颛顼历》的问题所在——是"盖天说"自身的问题；而且，通过长期天文观测，已经形成了"浑天说"的图像；同时，掌握了创制新历法的数学算法。

万事俱备，只欠东风。就是只等有人推荐，让汉武帝发现落下闳，给予重用！

福地洞天，仙境阆苑

从阆中城往西北走去，有雄威之剑阁；从阆中城往东南而下，江水环绕半圈，风光无限。

历经两千多年，社会变迁很大。根据现存的历史遗迹看，落下闳少年时代住在老家落阳山下的落阳昝，他常常到高阳山上观测天象。他的家庭教育为他终身从事天文历算打好了基础。但是，他求学的地方就一定是阆中古城了。系统地接受易学、道学、儒学的教育，结识有共同志趣爱好的朋友，谈天说地仰望天穹，这都为落下闳的创新打下更为坚实的基础。

文翁兴学之后，汉景帝和汉武帝"诏告天下"，要兴办学校，大力提倡发展教育，"巴、汉亦立文学"。这是非常有远见的。巴郡的中心阆中也办起学校。整个阆中城，文化兴盛，成为落下闳成长的良好环境。正因为在阆中读书，落下闳才可能认识谯隆，谯隆也知道了落下闳精于天文历算。

落阳山位于阆中城西，"有路通秦"，这就是阆中到剑门关的"阆剑驿道"。在落阳山里有"落垭庙驿道"，这里是从阆中到剑阁的捷径。从炭口河到落垭庙驿道一共有三百六十五级石梯，一年365天，故有"年梯"之称。这里的地面驿道都与天文的数字联系起来，由此可见，在当地，天文知识已相当普及。落下闳还在家乡阆中的盘龙山建立了我国最早的民间观星台。

落下闳成长的地方阆中，古称"琅嬛福地""洞天福地"，又称"阆苑仙境"，山清水秀，人杰地灵。历朝历代的著名文学家、科学家等，曾先后来到阆中。如唐代诗圣杜甫、数学家李淳风、风水大师袁天罡，宋代史学家司马光、诗人陆游、文豪苏轼等络绎不绝到阆中观光、定居。且看一看杜甫的两首诗：

阆山歌

阆州城东灵山白，阆州城北玉台碧。

松浮欲尽不尽云，江动将崩未崩石。

那知根无神鬼会，已觉气与嵩华敌。

中原格斗且未归，应结茅斋著青壁。

阆水歌

嘉陵江水何所似？石黛碧玉相因依。

正怜日破浪花出，更复春从沙际归。

巴童荡桨欹侧过，水鸡衔鱼来去飞。

阆中胜事可肠断，阆州城南天下稀。

杜甫在《阆山歌》《阆水歌》中，将阆中城的东南西北都描写了。阆州城东：灵山白；阆州城北：玉台碧；阆州城西：松浮欲尽不尽云；阆州城南：江动将崩未崩石，阆州城南天下稀。

落下闳的故里落阳山，地处阆中城的西北方向。在现在落下闳故里桥楼乡的老牛山脊梁上，仍然生长着绵延数十公里共三千多亩郁郁葱葱的松林。杜甫当年看到的"松浮欲尽不尽云"，也许是我们现在看到的松林的祖辈了。这一片从远古走来的松海，仍然保持原始的生态。杜甫也沿着落下闳的脚印走了几步，写出了独特的诗句：松浮欲尽不尽云。

这里浮动什么云？

深藏地上的松云？

飘浮天空的彩云？

旋转太空的星云？

落阳山是整个山脉的名称。一条山脉有起伏，起伏之处又有小地名。落阳山麓在桥楼滩背后微起，称大梁山。再往下，一横梁长约三百米，宽约五十米，往南凸起一个大山包叫高阳山。一段平坦的横梁山垭，叫落垭梁。在落垭梁上，背靠大梁山修有三层两院的大庙，山门匾额书"长公殿"。前殿是观音殿，中殿是天王殿，后殿供奉落下闳。

落垭梁上所修的三庙，紧靠大梁山是长公殿，接着是观音庙、城隍庙。高阳山与大梁山的中轴线上，高阳山脚的南北各修一庙，左右两边各修一庙。七座庙犹如"北斗七星"，长公殿在斗柄的位置。"北斗七庙"是：长公殿、观音庙、城隍庙、文昌庙、牛王庙、马王庙、药王庙。在高阳山顶有一座观星楼，基址尚存。落垭梁是通剑阁到达秦巴的古蜀道必经之地，至今仍存有两株千年古柏，苍翠不已，巍然屹立。

从高阳山顶俯察地势，恰好有"北斗七星"之形状。人们就在落阳山、高阳山修建了形状如"北斗七星"的七座庙。"北斗七庙"的"斗柄"，直指向正北方向，犹如天上的"北斗七星"的斗柄指向北极星。

落下闳的诞生地，阆中桥楼乡南山村，2018年被授予"中国长寿文化村""中国长寿文化宴"称号，达到了天文、地理、人文的高度统一。高阳，即高寿；落阳，美不胜收。仰观天文，俯察地理，天上地下，呼应契合。

阆中有着"中国风水第一城"的美誉。"风水"的内涵即"环境""生态""地理"。阆中是中国理想风水模式的代表，"青龙蜿蜒、玄武垂头、白虎驯服、朱雀翔舞"的古城格局，是风水之绝胜。这些"风水"的命名来自中国天文学的二十八宿（相当于28个星座）中的"四象"："东方苍龙（或青龙），青色；北方玄武（即龟蛇），黑色；西方白虎，白色；南方朱鸟（或朱雀），红色。"阆中城的格局体现了中国人的自然观：天人合一，天地相应。"洞天福地""阆苑仙境"，乃天然形成。

落下闳在《太初历》中记录了他应用浑仪测定的二十八宿距度，测量的精度是很高的。

四川阆中被称为"中国春节第一城"，又是"中国风水第一城"。

"中国风水第一城"与"中国春节第一城"是有内在联系的！地上"二十四节气"，对应于天上的"二十八宿"。落下闳的"浑天说"与《太初历》，更新了中国人的时空观，落下闳将时间与空间密切结合在一起，显示了其大智慧！

第二章

青年时代，迷恋学习

落下闳的学习促进了他的创新。

制定历法需要数学，落下闳掌握了当时的天文学和数学的基础知识、基本技能、基本方法。落下闳的家庭教育、学校教育、社会教育、自我教育相当卓越。他成为世界杰出的天文学家不是偶然的，天时、地利、人和，三者皆具备。

在中国《二十四史》等经典文献中，留下了十六条论述落下闳的文字记载，几乎每一条都是记述落下闳在做什么。

知行统一：行，促进知；知，引导行。知与行体现了落下闳"格物致知"的学习精神，以及勇于探索的创新精神。"格物"就是要重视实际的观察、实验，动手实干。他是"浑天说"的创始者，是他制作出浑仪，实际观测日、月、五星在二十八宿中的运动规律。

中国古代墨家重视实践实验的科学精神；道家主张"道法自然"的科学精神；儒家提倡"仁者爱人"的人文精神。这些精神在落下闳的学习过程和创新过程之中，都充分体现出来。他通过对易、儒、道、墨等诸子百家的经典著作的学习，打下了坚实的科学和人文的基础，这是他成为杰出天文学家的重要原因。落下闳的学习促进了他的创新。

制定历法需要数学，落下闳掌握了当时的天文学和数学的基础知识、基本技能、基本方法。落下闳的家庭教育、学校教育、社会教育、自我教育相当卓越。他成为世界杰出的天文学家不是偶然的，天时、地利、人和，三者皆具备。

西汉历经"文景之治"的经济发展，汉武帝雄才大略，社会需要"改革历法"，这是落下闳成为杰出天文学家的主要原因。

司马迁的父亲司马谈（约前165—前110年）有一篇著名的文章《论六

家要旨》，第一段写道："太史公学天官于唐都，受《易》于杨何，习道论于黄子。太史公仕于建元元封之间，愍学者之不达其意而师悖，乃论六家之要旨……"这使我们得知，当时西汉初年的教育方式是师与徒一对一地教与学。

司马谈曾随当时著名天文学家唐都学习天文历法知识，师从哲学家杨何学习《易经》，师从黄子（即黄生）学习道家理论。司马谈对他的儿子司马迁的言传身教，甚为有效。司马谈认为，当时流行的各派学说，即阴阳、儒、墨、名、法、道，各家思想，互有短长，但是道家思想最能综合各派之长。

司马谈论六家之说，不仅为后来司马迁给先秦诸子作传提供了重要的启示和借鉴，也为西汉末期著名学者刘向、刘歆父子给先秦诸子分类奠定了基础。在《论六家要旨》一文里，他概括出阴阳、儒、墨、名、法、道六家，并加以论述，分析出自春秋战国以来重要的学术流派。由此，我们可以知道落下闳在求学时代能够读到什么书，受到什么样的教育，他也有名师指导，他专心研究什么。

司马谈任太史令。太史令通称太史公，为掌管国家图书典籍、天文历法并兼管文书和记载大事的官员。他因此得以观西汉国家藏书。临终前，他希望其子司马迁继其遗职，继续进行史学研究。司马谈除写作《论六家要旨》，又根据《国语》《战国策》《楚汉春秋》等书，收集资料，撰写史籍，未成而卒。司马迁继其事，遂成《史记》一书。

落下闳的父亲，据推测是一位精通天文历算的隐士。只不过他的生平事迹未能在史书里留下记载。落下闳的老师据推测是苌弘的孙辈。

苌弘，蜀人。春秋末为周敬王大夫，生年无可考，殁于鲁哀公三年，是当时著名的天文学家。"昔苌弘，周室之执数者也。天地之气，日月之行，风雨之变，历律之数，无所不通。然而不能自知，车裂而死。"（《淮南子·氾论训》）数，即历术。司马迁《史记》中，在叙述天文学的沿革时曾说，周室传天数的人，就是苌弘、史佚。

司马迁是历史学家、文学家。他读万卷书，行万里路，胸襟开阔，眼界高远。落下闳是天文学家、历算家。他观千颗星，算万数据，通天彻地，解惑乾坤。这两位前辈，我们应当同样尊重。对于改革历法，运算转历，落下闳比司马迁高明。对于专研历史，融通天人，司马迁比落下闳智慧。只是过去，人们认识到司马迁的贡献，却忽视落下闳的功绩。现在，应当等量齐观！他们各有所长，日月同辉！

易学启蒙，道学深探

熟读《易经》，深受启迪

落下闳在求学时代能够学习的书籍有：《周易》（也称《易经》）、《道德经》《论语》《周髀算经》《算数书》（成书于公元前186年之前）及《九章算术》，等等。《汉书》里保存了《太初历》（即《三统历》）的全部内容。从落下闳的《太初历》可以看到，他的天文、历法、数学、哲学的基础，都可以在上述的著作中找到根据。

中国古代的经典著作《易经》，通过观察天上日月星辰的现象，观察大地高下卑显的情状，观察鸟兽羽毛的文采，观察山川水土的地利，就近取象于人的一身，向远取象于宇宙万物，于是抽象出八卦，又两两组合成六十四卦。用现代的话语说，就是抽象出64个"图像模式"，然后用语言文字加以解释，成为相应的64个"语义模式"。

原始"八卦"的八种模式都与实物有关：乾（☰象天）、坤（☷象地）、震（☳象雷）、巽（☴象风）、坎（☵象水）、离（☲象火）、艮（☶象山）、兑（☱象泽）。这原始的八卦，代表8种"实物模式"。《易经》中的记数法是二进制的"数学模式"。总之，《易经》已充分显示出中国古代先辈早就熟悉"建构模式"的方法，善于进行"模式思维"。

易是由日和月这两个字组成的。天上的一阴是月，一阳是日。《易经·系辞传上》写道："一阴一阳之谓道。"《易经》奠定了中国的历法是"阴阳历"，既要把握月亮的运动，同时也要把握太阳的运动。《易经》强调天地人之道都是"一阴一阳之谓道"，从而将"阴阳互补""对立统一"提升到哲学原理的高度。

《易经》的内容极为丰富多彩，包含了中国古代有关自然科学、社会科学、人文科学、哲学、数学、系统科学等学科的"原生态、原创性"的"元科学"内容。《易经》是中华文化中第一本影响全人类的"集大成，得智慧"的哲学著作。一些人将《易经》视为类似于西方"星相学"的、用于"算命"的知识，这就大大误解了《易经》，降低了《易经》的科学和哲学意义。

《易经》这一哲学著作包含了"数""象""义""理"。"数"即数学的模式，"象"即象征的图式，"义"即人类之道义，"理"即宇宙之原理（规律）。从"图像模式"看，《易经》对于提出"盖天说""浑天说""宣夜说"都有直接的启发。后来，落下闳制定《太初历》，丰富了人们对《易经》关于日月运行的定量理解。

诸子百家，儒道兼容

落下闳，复姓落下，他的父亲给他取的名是"闳"，字"长公"。《论语》里最接近他名字含义的就是"弘毅"二字。曾子说："士不可以不弘毅，任重而道远。仁以为己任，不亦重乎？死而后已，不亦远乎？"（《论语·泰伯篇第八》）"闳"，广阔宏大，弘也；"长公"，意志坚定，毅也。落下闳在落阳山上的高阳山，观测天象，夜以继日，数十年如一日，道法自然，终于领悟了宇宙的"浑天形象"。

落下闳在求学时代，能够学习的经典书籍有：《易经》《老子》（也称《道德经》）《论语》《孟子》《庄子》《列子》《吕氏春秋》《天问》《算数书》等；《周髀算经》《九章算术》这两本书成书于公元1世纪，但是，其绝大部分内容产生于秦以前。

落下闳进入中年时代，特别是进入京城之后，当时的书，例如《淮南子》等，是一定可以看到的。《淮南子》里就系统记载了二十四节气。落下闳受《淮南子》的启发，将二十四节气完整引入《太初历》，也有这种可能性。事实上，在秦代使用的《颛顼历》中，已经有二十四节气，只不过，那是建立在"盖天说"基础上的。

从落下闳创的"浑天说"和《太初历》可看到，他具有的天文、历法、数学、哲学知识，都可以在上述的著作中找到一定的根据和基础。落下闳是在继承的基础上创新的。

中国古代的天文、数学，都是为农业产生服务、为人们的健康生活服务的，同时又有力地促进了农学和医学的发展。中国古代自然科学以天文学、数学、农学、医学见长，这是非常明显的。

文翁兴学，影响全国

汉景帝后元元年（前143年），蜀郡守文翁在成都开始兴办学校，后得到汉景帝和汉武帝的表彰，并在全中国推广。落下闳遇上了西汉大兴教育的时代，他从小接受的家庭教育和少年时代接受的学校教育非常好。他掌握了"格物致知"的学习方法。

文翁，名党，字仲翁，西汉官吏。庐江郡舒县（今舒城县河棚镇枫香树乡文家冲）人。汉景帝末年为蜀郡守，兴教育、兴贤能、修水利，政绩卓著。

文翁治蜀首重教育，选派小吏至长安，受业博士，或学律令，结业回归，择优"为右职，用次察举，官有至郡守刺史者"；在成都兴"石室"，办地方官学，招收下县子弟入学，入学者免除徭役，选成绩优良者任郡县官员，促进当地文化的发展。文翁开创了地方政府兴办"公立学校"之先河。文翁兴学得到两位皇帝的嘉奖：汉景帝"令天下郡国皆立文学"，汉武帝又下令"天下郡国皆立学校官"。由此大大推动了中国教育的发展。

文翁兴学推动了蜀学的兴起。班固在《汉书》中评论说："至今巴蜀好文雅，文翁之化也"。在"文翁兴学"的启发下，汉武帝于公元前124年建立"太学"，其目的是为了培养官员，将儒家的"学而优则仕"制度化。这在人类历史上是一件特大事件，直接影响到"科举制"的诞生。

天数农医，基础科学

在西汉年间，天文学、数学、农学、医学等已经有了相当的发展。"民以食为天"，人人都需要吃饭。中国进入农业社会之后，人民从实践中体会到农作物的耕种必须遵循季节气候规律，必须按照季节的变化来安排农业的耕作。要掌握季节变化的规律，就需要发展天文学和数学。

中国古代当然是有科学的！

看一看"科"这个字。左边是"禾"，这表示"要种庄稼"，由此就会产生"农学"。种庄稼要知道天文历法，繁体字的"历"是"曆"，其中就是"日"上两个"禾"。禾的生长要受到日月星辰运行的支配，种禾的人就要懂得"曆法"，这就需要发展天文学。人生病要治疗，药物主要还是来自草药，例如黄连、青蒿、三七、甘草等，这就会产生医学。"科"字的右边是"斗"，看一看天上的北斗七星，斗柄的指向能够告诉我们春夏秋冬四季，由此就会产生最早的天文学；同时，"斗"还有"度量"的含义，由此就会产生数学。中国古代最初的科学，就是天文学、数学、农学、医学。

在古代的巴蜀，农业发展较早，因而，天文学和数学也就发展较早。正如在三星堆和金沙遗址出土的文物所证实的，巴蜀大地的先民们，不仅在艺术上有自主创新，在科学上同样有自主创新，特别是在天文学和数学方面的自主创新。阆中是巴郡的中心城市，天文学和数学成就很大。

落下闳在他的家庭教育、学校教育、社会教育、自我教育中，要学习比较系统的天文历法知识。那时使用的《颛顼历》，其中已包含了许多天文学和数学的基础知识。天文学的基础知识，我们要从更遥远的年代谈起。

领会历法，学会推算

落下闳钻研历法，当然是从古代对天体的认识开始的。落下闳的创新，是在继承中华两千多年对于天文的认识基础之上的创新。我们就按照科学史发展的顺序，来看一看落下闳的认识过程。

我们的祖先认识日、月、星辰有一个由浅入深、逐渐深化的过程。

中国古代天文学家利用土圭，测定每日中午表影的长度及其变化，以直接决定每年冬至的时刻。通过数百年系统观测资料的积累，在公元前5世纪左右得到了较为准确的数据：1回归年等于$365\frac{1}{4}$日。同时，通过对观测资料记载的统计数据分析和比较，发现19个回归年和235个朔望月的日数十分接近，于是得出19年7闰的规律（$19 \times 12 + 7 = 235$）。实际就是测出了月球绕地球运动和地球绕太阳运动的两个周期相谐和的周期为235个月，称为置闰周期。

"太阳神鸟"与二十八宿

"太阳神鸟"金饰于2001年出土于成都金沙遗址，是21世纪我国考古的一个重大发现。"太阳神鸟"被选定为"中国历史文化遗产"标志。"太阳神鸟"是追求光明、理想、和谐、智慧，生机勃勃，开拓创新，与时俱进的时代精神的象征。"太阳神鸟"是艺术与科学的完美结晶。

图案中向四周喷射出十二道光芒的太阳，呈现出强烈的动感，象征着光明、生命和永恒。十二道太阳光芒与四鸟中的"十二"与"四"是中国文化中经常使用的数字，诸如十二个月、十二生肖、四季、四方等，表达了先民们对自然规律的深刻认识。环绕太阳飞翔的四只神鸟，反映了先民们对美好生活的向往，体现了自由、美好、团结向上的寓意。而整体完美的圆形图案寓意民族团结、和谐包容，圆形的围合也体现了保护的概念。

金沙遗址出土的"太阳神鸟"金饰

"太阳神鸟"不仅是艺术极品，而且含有丰富的科学内容。图中的"四鸟"表示一年有春、夏、秋、冬四季；图中的"十二道光芒"表示一年有十二个月。

古巴蜀的历法，首先从金沙遗址出土的"太阳神鸟"金饰上就形象、生动地反映出来：外层四只逆向飞行的鸟，每只鸟对应三个月牙，不多不少，不偏不倚，恰好说明每只鸟代表一个季节（三个月），四只飞行的神鸟代表着春、夏、秋、冬四季轮回；也说明古巴蜀人已经掌握四季的知识，能够根据四季的不同特点而适时地安排农活。

"太阳神鸟"内层的十二道旋涡状光芒，既像一道道火苗，也像一轮轮弯月，表示一年十二个月周而复始。这也说明古蜀人已经掌握了岁、季、月的概念及其形成的规律和原因，已经知道"岁"与太阳运行有关，"月"与月亮运行有关，一年有十二个月，体现出他们使用的是阴阳历。

二十八宿，由来已久

中国天文学在以后的发展，应与"太阳神鸟"有密切的关系。从"太阳神鸟"中可以看到古代的历法原始图形，也可以说从"太阳神鸟"直接或间接发展到中国古人很早就为天空的恒星画出了二十八宿的图形。那四只太阳神鸟，分别发展为：东方苍龙、北方玄武、西方白虎、南方朱雀。

最早的对二十八宿星名的完整记载出现于《吕氏春秋》。《吕氏春秋》约完成于公元前239年。于是有学者认为二十八宿的完成不可能早于公元前3世纪。1978年，湖北随县曾侯乙墓出土了二十八宿天文图，曾侯乙卒于公元前433年，因此，二十八宿完成的年代可上推到公元前5世纪之前。关于中国二十八宿的起源，需要同时考察文献记载和新的考古证据。1987年，在河南濮阳出土的公元前5000年仰韶文化层一墓葬中的发现，说明二十八宿的起源可能远早于帝尧时代（程贞一、闻人军：《周髀算经译注》，上海古籍出版社，2012年，第113—114页）。尧大约生活于公元前2377—前2259年。

二十八宿是中国古代天文学家的重要创作，把天空中可见的星分成二十八组，分东南西北四方各七宿，称为二十八宿。

> 东方苍龙七宿是：角、亢、氐、房、心、尾、箕；
> 北方玄武七宿是：斗、牛、女、虚、危、室、壁；
> 西方白虎七宿是：奎、娄、胃、昴、毕、觜、参；
> 南方朱雀七宿是：井、鬼、柳、星、张、翼、轸。

在公元前8世纪至公元前5世纪的《书经·尧典》中就写道：

> 日中星鸟，以殷仲春。
> 日永星火，以正仲夏。
> 宵中星虚，以殷仲秋。
> 宵永星昴，以正仲冬。

这就是以日与二十八宿的恒星来判定春夏秋冬四季。春季有三个月：孟春、仲春、季春；夏季有三个月：孟夏、仲夏、季夏；秋季有三个月：

孟秋、仲秋、季秋；冬季有三个月：孟冬、仲冬、季冬。孟春就是春季的第一个月，仲春就是春季的第二个月，季春就是春季的第三个月。夏秋冬以此类推。

具体说就是以四组恒星黄昏时在正南方天空出现来定季节。当黄昏时见到鸟星升到中天，即仲春，此时，昼夜长度相等（春分）；当大火升到正南方天空，即仲夏，此时，白昼时间最长（夏至）；当虚宿一出现在中天时，即仲秋，此时，昼夜长度又相等（秋分）；当昴星团出现在正南方天空，即仲冬，此时，白昼时间最短（冬至）。

《月令》中已记载了一年十二个月中，太阳处在二十八宿的哪一颗恒星的位置上。当然并不是非常准确。落下闳已经知道这些基础知识。后来，他自制赤道式浑仪就是为了比较准确地测定二十八宿之间的赤道距度（赤经差），更加准确地确定二十四节气与二十八宿之间的对应关系。《书经·尧典》《月令》的记载，同"太阳神鸟"的象征是一致的，是前后相承的。

远古的这四只太阳神鸟，经过古人一年一年观测天象，终于演化为东方苍龙七宿：角、亢、氐、房、心、尾、箕；北方玄武七宿：斗、牛、女、虚、危、室、壁；西方白虎七宿：奎、娄、胃、昴、毕、觜、参；南方朱雀七宿：井、鬼、柳、星、张、翼、轸。

落下闳年轻时，在阆中老家高阳山观测天象时就已非常熟悉上述的二十八宿，并且熟悉不同节气时，太阳、月亮及"五星"——木星、火星、土星、金星、水星，处在哪些星宿位置上。

干支纪日和干支纪年

发展农业需要了解一年四季春夏秋冬的变化，天文历法是不可缺少的。在汉武帝改历之前，中国古代有六种历法：黄帝历、颛顼历、夏历、殷历、周历、鲁历。之所以有不同名称，或因行用的地区不同，或因采用的岁首不同。它们都是战国时期及之前创制的。

黄帝历中已经有从甲骨文时代就开始使用的干支纪日和干支纪年。

中华民族的祖先在商朝（约前1300年）就使用了文字"甲骨文"。甲骨文里就有了有关日月运行、天文历法的一些知识的零星记载。商周时期就有了以天干、地支依次排列组成的六十个干支名称的纪日表，这是我国最早的日历。

天干：甲、乙、丙、丁、戊、己、庚、辛、壬、癸

地支：子、丑、寅、卯、辰、巳、午、未、申、酉、戌、亥

01甲子	11甲戌	21甲申	31甲午	41甲辰	51甲寅
02乙丑	12乙亥	22乙酉	32乙未	42乙巳	52乙卯
03丙寅	13丙子	23丙戌	33丙申	43丙午	53丙辰
04丁卯	14丁丑	24丁亥	34丁酉	44丁未	54丁巳
05戊辰	15戊寅	25戊子	35戊戌	45戊申	55戊午
06己巳	16己卯	26己丑	36己亥	46己酉	56己未
07庚午	17庚辰	27庚寅	37庚子	47庚戌	57庚申
08辛未	18辛巳	28辛卯	38辛丑	48辛亥	58辛酉
09壬申	19壬午	29壬辰	39壬寅	49壬子	59壬戌
10癸酉	20癸未	30癸巳	40癸卯	50癸丑	60癸亥

十天干、十二地支排列组合，一个"甲子"周期是六十日、六十年。这是从古至今在中国历法中一直使用的。六十月的甲子周期也曾经使用过，现在已经没有使用了。

这里有一个最基础的数学问题：10和12的最小公倍数是60。

落下闳在求学时期就学会一种最基本的"算法"：求几个数的最小公倍数的方法。这是落下闳在"运算转历"中，大量使用的一种基本算法。这就是他首先使用的"通其率"算法——通过辗转相除，求渐进分数。这种算法我们称为"落下闳算法"。这种算法的内涵，有丰富的数学原理。落下闳是天文学家，也是数学家。他超越当时的天文学家的重要原因，是他精通历法所需的各种运算方法。

"落下闳算法"的程序与应用连分数求渐进分数的算法是一样的。
"落下闳算法"说起来简单，但是，用大数据运算起来是复杂的。渐进分
数算法有两大性质：其一，两个相邻的渐进分数总是一强一弱；其二，两
个相邻的渐进分数的行列式等于1。这些性质直接启发后人得到解"一次同
余式"，以及解"不定方程组"的方法，直接启发秦九韶得到著名的"大
衍求一术"的方法。落下闳算法，不仅由浅入深，而且引人入胜！

"浑天说"与二十四节气

　　在落下闳出生之后的几十年里，社会上皆用《颛顼历》，他对《颛顼
历》有深入的理解。

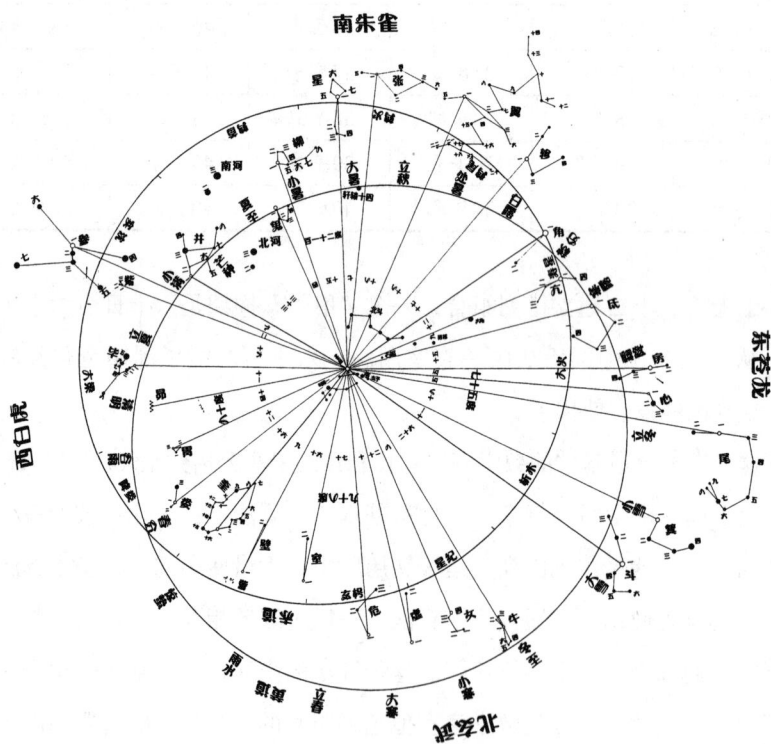

二十八宿与二十四节气关系示意图

在先秦的历法中，就已经有了冬至、夏至、春分、秋分这些节气，但直到公元前150年左右，才有了对二十四节气系统而完整的记载。《周髀算经》第三部分已经有二十四节气日影长度的测量，按照钱宝琮与刘朝阳的考证，其出现应该不会晚于公元前100年。但是，《周髀算经》内所记载的"日月历法"，是建立在"盖天说"基础上的，这与建立在"浑天说"基础上的汉武帝颁布的《太初历》有很大差别。

"盖天说"认为，日月总在大地之上运行；而"浑天说"中的天体是可以运行到大地之下的。落下闳在公元前110—前104年，制作浑仪观测二十八宿的赤道距离（赤经差），并在《太初历》中将二十八宿与二十四节气结合起来。"浑天说"的"宇宙论"知识，从汉武帝时代开始，才在中国天文历法中兴起，并逐渐占据统治地位。

中国古代有六种历法，在春秋战国时期，巴蜀大地采用的是哪种历法，尚没有文献记载。但这六种历法的共同点是"四分历"，即一年为 $365\frac{1}{4}$ 日。一天的四分之一，为古代历法时间的最小单位。

在中国古代史系统里，蜀的早期历史与黄帝及其元妃嫘祖，以及昌意和帝颛顼都有极为深厚的关系。《吕氏春秋·古乐篇》写道："帝颛顼生自若水。"若水即雅砻江，纵贯四川的西部，东与岷山（蜀山）相近。简言之，颛顼是四川人，颛顼的故里就是现在的四川省攀枝花市米易县。

《山海经·海内经》也说："黄帝妻雷祖生昌意，昌意降处若水，生韩流。韩流……取淖子，曰阿女，生帝颛顼。"春秋战国时期，巴蜀大地采用《颛顼历》的可能性较大。据考证，颛顼帝的出生地在今四川米易。

秦始皇于公元前221年统一中国，这是一个重大历史事件。秦统一中国之前的时代，称为"先秦时代"。早在公元前316年，秦就攻占巴蜀，使巴蜀的历史发生划时代的变化。秦和巴蜀在当时，可能都是使用《颛顼历》。

秦统一中国之后，在全国颁行统一的历法就是《颛顼历》。《颛顼历》以十月为岁首，岁终置闰。秦统一天下时间不长，从公元前221年到前206年。秦始皇和秦二世还来不及制定一统天下之后的秦朝的新历法，秦朝就被汉朝取而代之。

落下闳奔赴京城长安参加改革历法之前，他已经深度学习了古代六历的数理结构，已经认识了春夏秋冬四季如何从天文上认识和辨别，认识了干支纪日、干支纪年，认识了定性的二十八宿及二十四节气，认识了月的顺序（如下表）。

季	春			夏			秋			冬		
月	寅	卯	辰	巳	午	未	申	酉	戌	亥	子	丑
节	立春	惊蛰	清明	立夏	芒种	小暑	立秋	白露	寒露	立冬	大雪	小寒
气	雨水	春分	谷雨	小满	夏至	大暑	处暑	秋分	霜降	小雪	冬至	大寒

地支的十二个汉字，子、丑、寅、卯、辰、巳、午、未、申、酉、戌、亥，可以有多种用处。上面那张"季月节气表"，用地支的数字来表示月，只是古人的规定。以十一月（冬月）开始，定义为"子月"；十二月（腊月）定义为"丑月"；一月（正月）定义为"寅月"。为什么将立冬的这一个月定义为"子月"？从天文测量看，冬至的时刻比较容易确定。《太初历》也是将朔日（初一）、冬至、甲子定为历元，即历法的第一天。

《中华世纪坛青铜甬道铭文》中写道："公元前104年，丁丑，汉武帝太初元年造《太初历》，用夏正，始以正月（建寅月）为岁首。"这就告诉我们，公元前104年，那一年是丁丑年，采用夏朝的规定，始以正月为一年之首，也就是以"寅月为一年的第一个月"。

有人问：为什么不将立春这一天规定为"元旦"并作为"春节"呢？在汉历中，每一个月的第一天是初一，初一又称为朔日，这一日是看不见月亮的，而十五一定是月亮最圆的一天。但是，立春的那一天，是根据太阳的位置确定的，故不一定就是朔日（初一），当然也有年份立春那天正好是初一。比如在汉武帝天汉元年（前100年），正月初一（朔日），正好是立春，但不可能年年如此。

寻师求学，夜观星宿

苌弘先辈，长公传承

落下闳寻师求学的第一人选，是春秋末著名天文学家苌弘的学术传人。

司马迁在《史记·天官书》中写道："昔之传天数者……周室，史佚、苌弘……"《淮南子·氾论篇》写道："昔者苌弘，周之执术数者也。天地之气，日月之行，风雨之变，律历之数，无所不通。"《韩非子·难言》称苌弘是一位"有道术之士也"，道术即指天文、历法。

苌弘，蜀郡人，死于蜀郡，是我国春秋末叶的天文学家、历法家。他既精通天文、历法、气象，还懂得地震，在我国古代科学发展上，是有过贡献的。

落下闳，出生在"文翁兴学"之前。他正值"十五而志于学"的年龄，就遇上了"巴、汉亦立文学"。他的家乡也在兴办学校。他直接受到了"文翁兴学"的影响。

浑天模型的概念形成

通过太阳升起和落下的位置，可以观察、确定不同月份和不同节气里太阳所位于的星座。这些星座中国古人称之为二十八宿。

从落阳山登上高阳山，有三个台阶。在一台阶看见日落西山了，在二台阶可以看见太阳还在落下；在二台阶看见日落西山了，在三台阶可以看见太阳还在落下；在三台阶看见日落西山了，在高阳山顶可以看见太阳还在落下。落下闳就这样反反复复，年复一年地观察到太阳落下、落下、落下，并不是"盖天说"所认定的太阳不会落到地面之下。

由此观测，落下闳从感知到认知，领悟了太阳落下的实际过程。这启发落下闳逐渐形成"浑天说"的宇宙图像：从更高处观天，太阳还在落下、落下、落下，直到夜半子时，太阳一直落到地面之下；第二天早上，太阳又从东方升起。天，不像"盖天说"所认定的那样是"半球形"，而是一个"圆球形"。于是落下闳"道法自然"，开始制作圆球形的浑仪，用来观测日、月、五星在二十八宿之间的运行过程。

东南西北各有七宿，如下图所示：

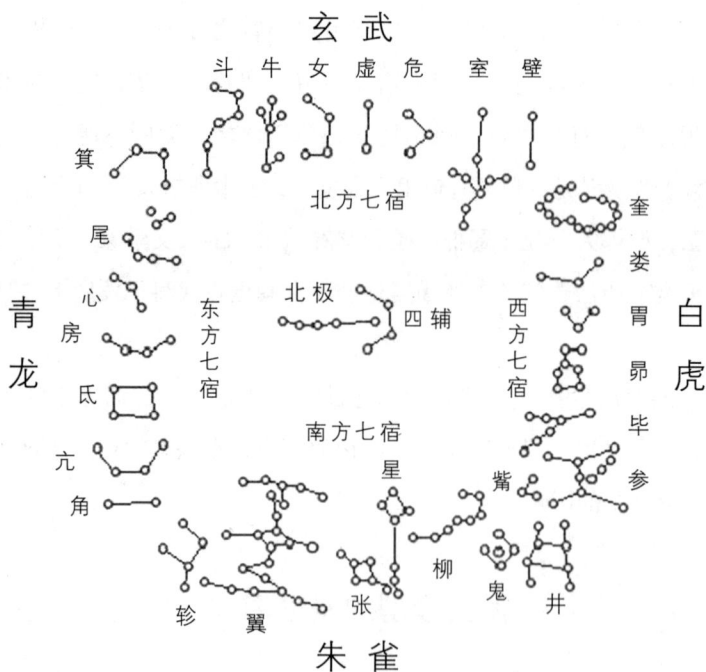

观天和看图时，坐南往北看与坐北往南看，前后左右的七宿刚刚相

反，空间是相对的。落下闳很早就知道了日月运行与天空的二十八宿有关系。落下闳"格物致知"的学习精神，为他以后的创新奠定了扎实的基础。

坐北向南观天，左青龙、右白虎、前朱雀、后玄武；如果是坐南向北，刚好相反，则是左白虎、右青龙、前玄武、后朱雀。因为青龙为东方属木，白虎为西边属金，北方为玄武属水，南方为朱雀属火，这是一定不变的。

空间是相对的，时间也是相对的。小学一年级有一篇课文《东南西北》：

> 早上起来，面向太阳。
> 前面是东，后面是西；
> 左面是北，右面是南。

老师可以补充一段：

> 下午傍晚，面向落日。
> 前面是西，后面是东；
> 左面是南，右面是北。

制作浑仪，观测体验

落下闳要比较准确地测量出这二十八个星宿之间的距离（赤经差），必须借助于测量仪器。他就自制赤道式浑仪测定二十八宿的距离，这充分体现了落下闳的科学精神。但是，仅仅在太阳升起和落下时测量星宿之间的距离，由于有光的背景，不会非常清楚。只有到夜半三更，子时，中天观测星宿之间的距离，方才更为清楚。这时太阳并不在夜空之上，而是在地面之下，夜空之下。

落下闳历经严寒酷暑，多年来在万籁寂静的夜半中天时认真观测。他欣喜地发现并记载，夜空上的星宿，正对着太阳在下面时所处的星宿，正位于中天观测二十八宿圆周的对面。这是可以反复验证的。于是"浑天说"的宇宙图像，在落下闳的脑海里就渐渐清晰并逐渐形成了。这是一项非同小可的重大的科学创新。落下闳使用的方法在天文学上称之为"冲日法"，这是落下闳的独创，与托勒密采用的"偕日法"不同。

关于日月运行的轨道以及会合的周期，落下闳首次将日食周期定为135月，并引入中国的历法之中。这是从过去历年发生"日食"的一系列大数据记载中统计出来的。他有儒家的仁爱精神，敬鬼神而远之，不迷信。实际上《太初历》使用188年之后，积累的误差已在一天以上了。科学既能在一定条件下"证实"，也能够在一定条件下"证伪"。

落下闳制作出来的观测用的浑仪，以及演示用的浑象，就是"浑天说"的宇宙论的具体模型。按照"浑天说"的宇宙图像，落下闳推算出"太极上元"的宇宙大周期是23639040年。这个"太极上元"宇宙大周期对于日、月、五星都是一样的，即不存在是"地球中心"还是"太阳中心"之类的问题。这个多体—周期的解是"超越中心"的。"浑天说"的科学思想非常深刻，富于启发性。

落下闳与星相学无关

《荀子》中写道："卜筮然后决大事，非以为得求也，以文之也。故君子以为文，而百姓以为神。以为文则吉，以为神则凶也。"

荀子的看法非常科学合理，他排除了对《易经》的迷信理解。落下闳完全接受了《荀子》中的这种对于"卜筮"的理解。落下闳在测定了二十八宿的赤经差之后，从没有给二十八宿任何"星相学"之类的解释。

为此，我写了一首诗，表明落下闳观测二十八宿是没有给出任何有关"星相学"的解释的。落下闳遵从孔子的教导："敬鬼神而远之，可谓知矣。""子不语怪、力、乱、神。"

《易经》与西方星相学

中华文化神书，就是《易经》
上仰观天象，下俯察地理
远诸及万物，近取法众生
太极变阴阳，四象八卦成

64种变化模式，都有可能性
解释卦辞，阐明哲学的辩证
从不利到大吉，是正态分布
从不确定之中，去选择确定

圣贤知道，这不是测算命运
卦的整体图像只是分析可能
看到利弊，看到机遇与挑战
认识变通，让你警惕有信心

大自然在波浪式地变化前进
天地人一体，自己掌握命运
世界上只需要留下一本《易经》
人类就会理智，天下就太平

西方的星相学，历史很悠久
星座紧紧联系着个人的命运
小时候看到天上星星亮晶晶
又听到众星座有奇特的命名

木火土金水，有明亮五行星
密密的恒星组成多样的图形
北半球南半球天空不同背景
星座图像命名有无穷的可能

汉代落下闳原创制造浑天仪
中国以赤道坐标为星座标准
古希腊托勒密选择黄道坐标
北斗七星，四季旋转着斗柄

落下闳与托勒密，两大系统
观察星座图像有不同的中心
近代德国第谷采用赤道坐标
最终，西方效法了中国标准

星相学大师的预言有人相信
用科学美学分析，很难赞成
我们的宇宙在不断加速膨胀
所有的星座都有巨变在发生

《易经》与西方星相学两相比较
都是文化，人类洞察的结晶
我偏爱《易经》的智慧是集大成
星相学只能称为童话的天真。

　　《易经》里提出了64个发展模式，为人类建构各种模式解决问题，提供了多种多样的启发。从这种观点看，《易经》是建构了"元模式"的"元科学"。所谓"元模式"，就是帮助人们建立"模式"的"模式"。

所谓"元科学"就是帮助建立"科学"的"科学"。例如，《易经》对于中国古代的宇宙学说提出的三种模型，都有"元科学"的启示。

《易经》建构的模式主要有：义理模式，用语言表述；形象模式，用图像和符号描述；数学模式，用数学知识建构模式；系统模式，《易经》本身就是一个系统模式，将"天地人"作为一个整体，建构统一的认知模式。21世纪智能科学技术中，人工智能不也是在探索这几种模式吗?

《易经》是一本经典的哲学著作，具有科学方法论的普遍意义。

第三章

壮年时代，京都七年

　　在汉武帝元封年间，落下闳经同乡谯隆推荐到了京城长安（今西安），当时他正值壮年时期，大约46岁到51岁。这时他对于如何改革《颛顼历》，已经胸有成竹。汉武帝于公元前104年，采用落下闳三人小组制定的新历法，在全国废除《颛顼历》，颁发使用《太初历》，并定此年为"太初元年"。公元前104年，可以称为"落下闳奇迹年"。

同乡谯隆，京城推荐

阆中谯隆，推荐有功

汉武帝在元封年间为改革历法，不拘一格选人才，征聘民间天文学家。落下闳经同乡谯隆推荐到了京城长安。谯隆为阆中义阳郡人（义阳于西魏时改为白马郡，今阆中、苍溪东北）。谯隆在朝廷做官，从上林令做到忠正侍中，成为皇帝的近臣。他深知落下闳的天文历算水平很高，故积极推荐。谯隆是"阆中伯乐"，功不可没！

谯隆的祖籍在义阳（今广元苍溪白驿谯坝村），离奉国县城北十里，后移居阆中方山脚下的谯家湾，两千年后，这里仍然称为谯庙子村。这里培育出西汉的京都官员谯隆，其儿子谯玄、孙子谯瑛。谯玄在汉平帝时入朝为官，官居中散大夫，后来隐居阆中。谯瑛是东汉时期的杰出学者，官至白宫卫士令、尚书郎。谯隆三代都有杰出人才，家教有好传统。

落下闳的同乡谯隆，既然向朝廷推荐落下闳参加改革历法，当然也承担了到阆中传达"圣旨"的任务，并负责带领落下闳星夜兼程赶往京城长安。

改革《颛顼历》是一件大事，汉武帝招募的团队，先后提出了十八个改革历法的方案，各自都要拿出自己的见解和成果。各个团队之间的观点必然出现碰撞。在朝廷中，谯隆自然是落下闳创制新历的积极支持者。到京城之后，落下闳与邓平、唐都组成一个"三人小组"，参与改革《颛顼历》。谯隆知人善任，估计这是谯隆提出的建议，他做好了沟通工作，使得这个"三人小组"卓有成效。

三人小组，效率极高

落下闳的两位卓越的合作人是邓平、唐都。他们组成的"三人小组"，发挥了每个人的优势，工作效率很高。

唐都是司马谈的天文学老师。司马谈是汉武帝的太史，负责掌管天文工作。司马谈死后，其子司马迁继任太史。邓平是天文官员，善于协调和辩论，在《太初历》颁发之后，邓平被任命为"太史丞"。

落下闳潜心制作浑仪，观测日、月、五星，运算转历。同时，他还制作浑象，将实际观测的二十八宿，以及日、月、五星的位置，安置在演示用的浑象上。落下闳"于地中转浑天"，就是给汉武帝演示浑象。

《太初历》中各种天文观测的数字以及各种推算的数据，至今仍完整保存在《汉书·律历志》之中。虽然在《汉书·律历志》中改称《三统历》，但是其基本数据和推导的数据均是《太初历》的。《太初历》以前的历法都没有完整保存下来。幸运啊，《太初历》！幸运啊，落下闳！

"三人小组"里邓平是天文方面的官员，组织能力强，善于沟通上上下下的关系。唐都资格老，是司马迁父亲的老师，对于二十八宿也十分熟悉。这个"三人小组"的改历成果，很难推翻。

司马迁坚持"盖天说"，估计他也不理解"浑天说"。他自己提出的改革历法的方案称为《历术甲子篇》，也继承了古代历法的一些精华。但是，司马迁肯定不会计算历法上的种种周期，只是借用古代历法的数据。落下闳虽来自民间，但是他有真才实学，有多年观测天象的数据材料，能制作天文观测仪器，又能进行历法数据的计算。他参与改革《颛顼历》，创制新历，使之纠正《颛顼历》的偏差，更加"合乎天象"。"三人小组"的新历，终于超越其他十七种改革方案。经过"观测天象"加以验证，最后，落下闳的"三人小组"取得最好成绩，被汉武帝采纳。

制作浑仪，观象于天

三大宇宙说，各有千秋

中国古代的宇宙学说有三家："盖天说""宣夜说""浑天说"。

"盖天说"最早以"天圆地方"而著称，后来以《周髀算经》为代表认为天是半球形，到公元前1世纪建立了一个描述天体视运动的较完整而定量的体系。它在数学方面的重要贡献有三：其一，提出了"勾股定理"，如果以发现者命名，应当称为"商高定理"；其二，提出并建构了"陈子模型"，陈子推算出了太阳的高度；其三，给出了一个实用的历法体系——《日月历》。

"宣夜说"是中国古代一种朴素的无限宇宙观。《庄子·逍遥游》就对宇宙无限观提出了猜测："天之苍苍其正色邪？其远而无所至极邪？""宣夜说"没有提出对天体坐标及其运动进行量度的方法。"宣夜说"在定性上，观点高；在定量上，贡献少。宇宙论如果没有基础观测的支持，如果没有数学的论证，很难被接受。但"宣夜说"提出宇宙无限的思考，具有自然哲学意义。

"浑天说"的开创者是落下闳，完善者是张衡。"浑天说"相对于"盖天说"前进了一大步，认为天不是半球形，而是一个完整的圆球，地球在其中。这就是张衡在《浑仪注》中所阐述的："浑天如鸡子，天体圆如弹丸，地如鸡子中黄，孤居于内。""浑天说"的宇宙图像，一直影响到建立在现代天体物理学基础上的宇宙论。

落下闳研制出的浑仪和浑象，正是在他开创的"浑天说"理论基础上，制成的观测仪器和天球模型。浑仪和浑象实物，又为人们理解"浑天说"提供了直观说明。人们不难理解："浑天说"与浑仪、浑象是不能分割的。李约瑟写道："'浑天说'最早的代表人物是西汉的落下闳（公元前140—前104年左右著称）。"（《中国科学技术史》，第三卷，英文版，第216页）

落下闳做出"浑天说"的模型

落下闳开创的"浑天说"，采用球面坐标系，用赤道坐标系来量度天体的位置，计量天体的运动。"浑天说"既是一种观测和测量天体视运动的计算体系，又必然在此基础上形成一种宇宙结构的图像，从而上升为一种宇宙学说。从历史上看，"盖天说"发展到"浑天说"；从科学上看，"宣夜说"借用了"浑天说"的观测数据。中国古代的三种宇宙学说，虽然各有特色，但总体上看"浑天说"要强些。

记载表明，落下闳研制浑仪，并同唐都等人一起实测了二十八宿。只有首先准确观测了日在二十八宿"背景"上的位置，进而推算，才可能制定一个较好的历法。颁布的日历如果与天象不合，这是不允许的。正因为秦代和汉初使用的日历与天象不合，所以才促使落下闳来参与改历。改历的基础工作，即要对二十八宿进行较精密的测定。落下闳成功地完成了这一任务，由落下闳所测定的二十八宿的二十八个基本点一直传到现代，为中国天文学的二十八宿体系奠定了基础。

李约瑟写道：

天球学说（"浑天说"）相当于以地球为中心的球面运动概念。这种概念也曾在希腊人中间慢慢地发展起来，特别要归功于克尼都的欧多克斯（Eudoxus of Cnidus）。而在中国，这种概念至迟在公元前4世纪石申编制他的星表时就已经出现了。"浑天说"最早的阐述者是落下闳（公元前140—前104年左右著称）。对"浑天说"最早、最完整的叙述出自公元1世纪天文学家张衡的笔下。张衡在《灵宪》和《浑仪注》中，特别是在后者中对"浑天说"的描述很清楚：

> 浑天如鸡子，天体圆如弹丸，地如鸡子中黄，孤居于内。天大而地小。天表里有水，天之包地，犹壳之裹黄。天地各乘气而立，载水而浮。周天三百六十五度又四分之一；又中分之，则一百八十二度八分度之五覆地上，一百八十二度八分度之五统地下。故二十八宿半见半隐。其两端谓之南北极。北极乃天之中也，在正北出地三十六度。然则北极上规经七十二度，常见不隐。南极天之中也，在正南入地三十六度。南极下规七十二度，常伏不见。两极相去一百八十二度半强。天转如车毂之运也。

李约瑟认为，张衡的这段话是非常宝贵的，把他的自然哲学同自然法概念的起源联系起来看是很有意义的。在天文学上，他把这种关于天球的臆想出现的年代定为远远早于他自己所处的年代，很清楚地显示了，球形大地包括对极的概念是如何从天球概念中自然产生出来的。最初的天文仪器浑环和浑仪也可能是这样产生的。此外，张衡认识到空间必定是无限的，那么可以说，他能够通过日月这可知觉的运行机制而透视遥远的未知世界。

后世关于"浑天说"的阐释很多，也有一些争议。公元1世纪末，王充虽然对"盖天说"大发议论，但是当他发现"浑天说"认为太阳，这炽热的阳精，必须通过水下，就觉得这种学说难以接受。炼金术士葛洪赞同"浑天说"，极力要证明太阳经过水下这一点并非不可能，因为龙是属阳的，但却能生活在水中。但是不久之后，这"地中之水"的古老概念被人们丢开了。[见李约瑟原著，柯林·罗南改编：《中华科学文明史》（第二卷），上海交通大学科学史系译，江晓原策划，上海人民出版社，2002年，第90—97页]

建模演示，一目了然

浑仪是观测仪器

在现今保存的历史文献中，最早提到"浑天"这个词的，是西汉末的扬雄（前53—公元18年）。扬雄在《法言·重黎》中写道："或问浑天，曰：落下闳营之，鲜于妄人度之，耿中丞象之，几乎几乎，莫之能违也。"

这里的"浑天"即指浑天仪。"浑"字有圆球的意思，"立圆为浑"。浑仪是由许多同心圆环组成的天文观测仪，整体上看像是包在一个圆球里，又称圆仪。浑象则是一个真正的圆球。浑仪和浑象都是反映"浑天说"的仪器，在早期常统称为"浑天仪"。浑天仪是物化了的"浑天说"；"浑天说"是研造浑天仪的理论基础。也可以说，浑天仪是"浑天说"的物理模型。

由扬雄的论述可知，落下闳是最早研制浑天仪的天文学家。

《新唐书·天文志》写道：

> 汉落下闳作浑仪，其后贾逵、张衡等亦各有之，而推验七曜，并循赤道，按冬至极南，夏至极北，而赤道常定于中国，无南北之异。

《新唐书·历志》又写道：

> 古历星度，及汉落下阂等所测，其星距远近不同，然二十八宿
> 之体不异。

这说明落下阂研制的是赤道式浑仪，并且落下阂等人用此仪器，测定了二十八宿的距度。

根据文献考证，公元前5世纪，中国就有了二十八宿的概念，又称为二十八舍或二十八星。《史记·律书》上写道："舍者，日、月所舍。"这是古人为了预测并比较日、月、五星的运动而特别选定的二十八个星官（若干个恒星的组合），类似于现代天文学上的星座。

二十八宿

东方七宿：角、亢、氏、房、心、尾、箕；这七宿的外观形象类似龙，故称东青龙。

北方七宿：斗、牛、女、虚、危、室、壁；这七宿的外观形象类似龟，故称北玄武。

西方七宿：奎、娄、胃、昴、毕、觜、参；这七宿的外观形象类似虎，故称西白虎。

南方七宿：井、鬼、柳、星、张、翼、轸；这七宿的外观形象类似鸟，故称南朱雀。

二十八宿中，各宿所包含的恒星都不止一颗，从每一宿中选定一颗星作为测量的标准，叫作这个宿的距星。下宿距星与本宿距星的赤经差，叫作距度。落下阂应用浑仪测定了二十八宿的距度。《太初历》（《三统历》）中的观测记录，表明了落下阂应用浑仪测量的精度是相当高的。

在落下阂制定的《太初历》中，天上的二十八宿与地上的二十四节气

是密切相关的。二十四节气是：

春季：01立春，02雨水，03惊蛰，04春分，05清明，06谷雨；

夏季：07立夏，08小满，09芒种，10夏至，11小暑，12大暑；

秋季：13立秋，14处暑，15白露，16秋分，17寒露，18霜降；

冬季：19立冬，20小雪，21大雪，22冬至，23小寒，24大寒。

上述二十四节气中，奇数项称为"节气"，偶数项称为"中气"。十九年七闰，在闰年时，有十三个月，在哪一个月闰为好呢？落下闳在制定《太初历》时，采用"以无中气之月置闰"的办法——这使得天文历法与四季安排、农业气象更好地结合起来，将闰月安排得很合理。这一办法从西汉太初元年起一直沿用到近代。二十四节气系统是一个了不起的创造，它把天文、历法、农业、气象有机地结合为一整体。这是古代中国"有机自然观"的具体应用，也是系统论思想的一个很好的实例。

从秦始皇到汉武帝元封六年使用的《颛顼历》，是在岁末置闰，《太初历》改为无中气置闰。十九年闰月七次，保持不变。干支纪日、干支纪年，包含在历法之中。

在二十四节气中，从冬至开始，位于偶数者，即冬至、大寒、雨水、春分、谷雨、小满、夏至、大暑、处暑、秋分、霜降、小雪，叫作中气。

在二十四节气中，从立春开始，位于偶数者，即雨水、春分、谷雨、小满、夏至、大暑、处暑、秋分、霜降、小雪、冬至、大寒，叫作中气。

这是完全一样的。从一年看是从立春开始；但是，从《太初历》"历元"看，是从冬至开始。《太初历》规定凡一月中没有遇到中气的，其后应补一闰月。这种方法显然要比以前的《颛顼历》在年终置闰更为合理。

如果说二十四节气是一个关于时间的系统，那么，二十八宿则是一个关于空间的系统。落下闳将时间的系统与空间的系统在"浑天说"的基础上结合在一起，这是一个天文学概念上的创新。在落下闳生活的年代里，中国天文历算的第一部经典著作《周髀算经》已有雏形，后来在大约公元前87年，《周髀算经》完成问世。这是一部建立在"盖天说"基础上的天文数学著作，内容丰富，创新很多。落下闳也大约在这一年（公元前87年）去世。非常可惜的是，在《周髀算经》有关历法的内容中，没有反映落下闳在天文历算方面的重大贡献。

如果落下闳能够将浑天仪、"浑天说"、《太初历》、历算法，等等，写成一本建立在"浑天说"基础上的天文数学著作，定名为《汉历算经》，那就太好了。可惜，当时汉武帝时代的天文学官员和学者，包括司马迁、邓平、唐都、公孙卿、壶遂、司马可、侯宜君等，还没有完全理解和接受"浑天说"的科学概念，还有些蒙，且他们自己也如实承认有"不会计算"的弱点。而这也非常直接地体现了落下闳的聪明睿智天才之所在。

即使邓平被汉武帝任命为太史丞，也没有将《太初历》改革的历法的完整过程与结果记载于当时的《史书》之中。一直等到班固（32—92年）在《汉书·律历志》中，才将《太初历》改革历法的过程与结果写进正史之中，又名之曰《三统历》。

《太初历》实际从公元前104年使用到公元85年，历经188年，《三统历》却从来没有使用过。在《中国大百科全书》（天文学）中的《中国历法表》就直接写为：《太初历》（三统历）。虽然，有学者认为《太初历》与《三统历》有些不同点，但基本观测数据与推测数据，以及对于《颛顼历》的改革，是明确的、一致的。

浑象是演示模型

《史记·历书》中写道：

至今上即位，招致方士唐都，分其天部；而巴落下闳运算转历，然后日辰之度与夏正同。

此文下的注解是：

> 《益部耆旧传》云：阂字长公，明晓天文，隐于落下，武帝
> 征待诏太史，于地中转浑天，改《颛顼历》作《太初历》，拜侍
> 中不受。

吕子方教授的研究认为："落下阂在地中转动的当然是浑象，这就是我们现在所称的天球仪，这种仪器是拿来做示范的。""如果说这是一种实测天的仪器，就应当摆在地面上去，为什么却反而摆在地下呢？""因此，我认为浑象也是落下阂造的，只是后来张衡又加以改进罢了。"（吕子方：《中国科学技术史论文集》，四川人民出版社，上册，1983年，第240—241页）

当时，落下阂作为民间治历者被招募进京。《汉书·律历志》写道："姓等奏不能为算，愿募治历者。"历本之验在于天，历法必须与天象相符合，故落下阂必须研究浑仪以观察天象。但是，进一步要解决的问题是计算，这个任务完全落在落下阂身上，"而阂运算转历""于是皆观新星度、日月行，更以算推"。推算出的结果，需要加以说明或演示，这就有必要研制浑象。

浑象在西方称为天球仪，是演示用仪器。李约瑟认为："既然石申和甘德测定恒星位置的时期早于伊巴谷两个世纪，那么，认为秦代或西汉时代不会制成实体球式的浑象，便是没有根据的。"（《中国科学技术史》，第3卷，英文版，第382—383页）吕子方的研究表明，落下阂不仅研制了浑仪，而且研制了浑象。落下阂在中国天文学史上的贡献，无疑有划时代意义。

数据为准，历数精算

观测数据，力求准确

落下闳制定《太初历》（《三统历》），以观测数据为准，进行了大量比较准确的计算。

《太初历》（《三统历》）是我国第一部有完整文字和数字记载的历法。实质是《太初历》展现了中国古代关于宇宙图像的代数结构，其意义远非通常理解的"历法"可以囊括。《汉书·律历志》称"闳运算转历"，即由落下闳承担了历法的计算，"观新星度、日月行，更以算推"。根据史书上记载是由落下闳研制浑仪进行天文实测，由落下闳研制浑象用来演示，以验证推算。落下闳在天文实测的基础上进行计算而提出八十一分法，"与邓平所治同"，即落下闳与邓平都提出采用八十一分法。所以，《太初历》创制者的署名为"邓平、落下闳"。由于邓平被任命为太史丞，是重要官员，而落下闳是来自民间的天文学家，后又辞官归隐，因而，邓平署名在前，甚至只说邓平，例如"乃诏迁用邓平所造八十一分律历"，这是"官本位"的体现。

由于史书对邓平到底做了哪些具体贡献缺少记载，在近现代的《中国科学技术史》中称《太初历》为落下闳所创制（如李约瑟、吕子方等学者），这是合理的，也许更符合历史的本来面目。虽然，落下闳本人并不在乎这一"知识产权"的问题，但后人理应尊重落下闳，实事求是。

《太初历》比之于中国古代的"古六历"（黄帝历、颛顼历、夏历、殷历、周历、鲁历），有以下划时代的巨大进步：

第一，在《太初历》（《三统历》）中采用了135个月为交食周期。这是实测统计的结果。1个交食周期中太阳通过黄白交点23次，2次为1食年，则根据《太初历》：

$$1食年 = \frac{135 \times 29.5308}{23} \times 2 \approx 346.67日$$

现今实测的1食年为346.62日，落下闳当时的实测比现今实测仅多0.05日。

第二，《太初历》在天文观测数据的基础上进行推算，形成了一个完整的系统。这个系统是采用"地球赤道坐标系"的"宇宙周期系统"，是定性与定量相统一的系统，可称为"落下闳系统"。其基本的周期有：①回归年周期，②置闰周期，③日食周期，④干支年周期，⑤干支日周期，⑥木星会合周期，⑦火星会合周期，⑧土星会合周期，⑨金星会合周期，⑩水星会合周期。

吕子方在1951年完成，但未得到正式发表的论文《〈三统历〉历意及其数源》中的结论就是：

> 五星会合周期，与今日之实测列表如次：
>
> 木星一见为　398.70……日　　今测为　398.88……日
>
> 金星一复为　584.12……日　　今测为　583.92……日
>
> 土星一见为　377.93……日　　今测为　378.09……日
>
> 火星一见为　780.52……日　　今测为　779.94……日
>
> 水星一复为　115.91……日　　今测为　115.88……日
>
> 两两相较，其差甚微，可见当时测天之先进，而得数之精密也。

《太初历》将生产、生活的年度协调统一起来，改变了秦和汉初"以冬十月到次年九月作为一个政治年度"的历法制度；《太初历》科学地规定了以没有中气的月份为闰月，使二十四节气这一周期的变化与春夏秋冬四个季节的变化，协调配合起来。"落下闳系统"的这一规定，从汉太初元年一直用到明末，应用了近两千年。二十四节气这一有关农业气象的周期系统与日月星辰运行的天文周期系统统一了起来。历法可较准确地预先告之季节，以便安排农业生产。二十四节气系统的科学设置，有极重要的经济意义。

创新算法，逼近观测

落下闳"运算转历"，在《太初历》（即《三统历》）中，采用了求"最小公倍数"的种种"算法"，其关键的创新是：采用辗转相除，求出渐进分数的算法。渐进分数是一种近似分数的算法，是用有理数去逼近无理数，近代数学简称为"连分数"算法。《汉书·律历志》称落下闳创新的这种算法为"通其率"算法。

吕子方写道："三统以实测为根据，其推算之方，则完全采用连分数，以求其近似值。由此可见当时数学之进步也。或云，当汉之世，吾国数学恐未进步至连分数，其适合者，乃偶然。可是不然也。若以偶然言之，一、二偶合可也，何以以推朔月以至五星多项，一一皆合于连分数推算？"（吕子方：《中国科学技术史论文集》上册，四川人民出版社，1983年，第87页）

钱宝琮先生在《中国算书中之周率研究》中写道："近代习中算者，颇有以六朝时应早有连分数术为说。然连分数术发明者何人，传者何人，应用于何种算术，均无征验。"（原文发表于《科学》第八卷第二期和第三期，1923年2月、3月，收入中国科学院自然科学史研究所编：《钱宝琮科学史论文选集》，科学出版社，1983年，第57页）

为验证吕子方的笔算结果，1981年，我编写出"连分数—渐进分数"

的算法程序，在计算机上一一算出《太初历》（《三统历》）的计算结果。可以说，"落下闳算法"，《汉书》上称之为"通其率"的算法，与"连分数—渐进分数"的算法程序是完全一致的，"通其率"算法的核心就是"连分数—渐进分数"的算法。祖冲之（429—500年）的《缀术》，秦九韶（约1208—约1261年）的《数书九章》中的"大衍求一术"，中国汉代之后，在历法计算中的"求强弱术""调日法"等都包含有"落下闳算法"，即"连分数—渐进分数"算法。

现在，可以回答钱宝琮先生在1923年提出的问题：连分数术发明者何人？西汉历算学家落下闳。传者何人？祖冲之、秦九韶等天文学家和数学家均是传者。应用于何种算术？应用于中国历法中的多种计算，以及计算"圆周率"。中国古代称为"通其率"算法，的确，没有称为"连分数—渐进分数"算法，但是计算程序是一样的，故可称为"落下闳算法"。（详细的数学论证，参见查有梁：《世界杰出的天文学家落下闳》，四川辞书出版社，2001年）

十八方案，脱颖冒尖

选好历元，突破难点

落下闳将秦始皇时代使用的《颛顼历》改革为《太初历》，有以下两点重要改革：以孟春正月为岁首；以冬月（十一月）初一冬至甲子日为"历元"。

《颛顼历》原以十月为岁首，《太初历》改为以正月为岁首。正月是春节的第一个月，叫孟春。岁首就是一年的第一天，迎新年，就是迎春天。秦始皇统一中国，也统一了历法：全国使用《颛顼历》。《颛顼历》以十月为正月，那么，新年的第一天，即"元旦"，就是十月初一。迎新年与过春节，迎春天，没有关系。《太初历》"以孟春正月为岁首"，恢复到与古代夏朝的历法规定一样，称为"复夏正"，这也名正言顺。

正月初一是一年的第一天，过新年，就是过春节，就是迎接春天。正月初一是孟春的第一天，但是，这一天不一定就是立春。初一是由月相确定的，而立春是由太阳确定的。立春这个节气肯定在孟春正月初一的前后几天，也有可能孟春正月初一就是立春那天。

什么叫历元？就是这一历法的第一天。《太初历》将《颛顼历》的正月朔旦立春为历元，改为前十一月朔旦冬至为历元。朔旦就是初一，夜晚看不见月亮。历元这一天是创制历法的人选择的，选择历元通常要选择一个"好日子"，要有利于往后推算，看是不是合乎已经发生的天象。

《太初历》选择的历元是十一月初一冬至，又是甲子日，这是千年难遇的好日子。冬至在一年之中是比较容易认定的，冬至那天的正午"日影"的长度，是全年正午"日影"的长度中最长的，因而确定冬至这一天误差不会太大。古代六历没有记载如何从历元开始推算到"上元积年"和"太极上元"。但是，《太初历》中，采用很多的运算得到"上元积年"和"太极上元"，使历法成为一种建立在"浑天说"基础上的"宇宙论"。

体系形成，影响深远

落下闳提出了一套算法体系，大大促进了中国数学的发展。

中国现代天文学家朱文鑫（1883—1938年），在《历法通志》（1934年）中写道：

> 观《汉书·三统历》，共分七节：一统母、二纪母、三五步、四统术、五纪术、六岁术、七世经。统以步日月，纪以步五星，为此历之根本。母者立法之源，术者推算之法也。五步者实测五星，以验其法。岁术者，推岁星之所在。世经者，考古之纪年，以证其数也。提纲挈领，条理井然。

"统母""纪母""五步"给出了一系列完整的观测数据和推算数据，"统术""记术""岁术"给出一系列推算，将所进行的大量整数和分数运算结果，具体列了出来。只是有些数据并未给出"计算程序"，例如：

① "日法八十一。"
② "汉历太初元年，距上元十四万三千一百二十七岁。"

③ "五星会终，触类而长之，以乘章岁，为二百六十二万六千五百六十，而与日月会。三会为七百八十七万九千六百八十，而与三统会。三统二千三百六十三万九千四十，而复于太极上元。"

为什么要"日法八十一"呢？即为什么把每日的 $\frac{1}{81}$ 作为历法的最小单位呢？吕子方教授研究的结果是，这里应用了辗转相除法，得到一种近似分数——渐进分数，其计算程序与近代的"连分数—渐进分数"是一致的。由此，发展出后来的"求强弱术"和"调日法"等近似分数算法。

为什么《太初历》的"上元积年"为143127年呢？

日本天文学者新城新藏在《东洋天文学史研究》中指出，这是由解不定方程得出的：

$$N = 4617 \times p = 1728 \times q + \frac{144}{145} \times (60n + x)$$

其中，N 代表三统上元至太初元年之积年数，p、q、n 为整数，x 为小于1之数。

满足以上不定方程有三组解：

$$N_1 = 4617 \times 31；N_2 = 4617 \times 33；N_3 = 4617 \times 64$$

吕子方教授指出，考虑到日食周期为135月，上述不定方程可以简化，从而得知 $N = 4617 \times 31 = 143127$（年）。

中国学者李文林、袁向东在《论汉历上元积年的计算》中指出，求《三统历》的"上元积年"的不定方程为：

$$4617 \times p \times \frac{145}{144} = 12q + \frac{r}{144}$$

即： $$4617 \times 145 \times p = 1728 \times q + r$$

这一不定方程也相当于一次同余式：

$$4617 \times 145 \times p \equiv r \pmod{1728}$$

此处 p、q 为不定之正整数，q 表示岁星（即木星）运行的圈数。r 虽未完全确定，但应有135≤r≤139。在此范围内，仅当r=135时，上式有整数解，且最小正整数解p=31，则得N=4617×31=143127（年），恰为"世经"所载《三统历》的"上元积年"。

李、袁的论文仍未考虑日食周期为135月，如果考虑此条件，方程及其解还可简化。

为什么"太极上元"为23639040年呢？应用辗转相除法，得出一系列近似分数——渐进分数，取日月会岁、五星会终这一系列周期的最小公倍数，即可推算出"太极上元"，$M=23639040$年。（直接应用渐近分数算法，求"太极上元"数据，可参见吴文俊主编的《中国数学史大系. 第一卷　上古到西汉》，北京师范大学出版社，1998年，第437～438页）

《太初历》的推算中得出的一整套算法体系，大大推动了中国数学的发展。其中秦九韶从求解"上元积年"中，进一步得出"大衍求一术"，使中国数学家在求解"一次同余式"问题方面，领先于世界。世界数学史上称秦九韶的这一工作为"中国剩余定理"。

历法计算的实际需要，使中国的数学发展具有了两大特色：一是构造性，二是机械化。吴文俊先生指出这两大特色，并认为中国的算筹算盘即当时施用的没有存储设备的简易计算机。

总结起来说，落下闳研制了浑仪与浑象，开创"浑天说"，制定《太初历》，构建了中国古代关于宇宙图像的代数结构。"落下闳系统"是一个可与"托勒密系统"媲美的宇宙系统。称落下闳为"中国古代天文学集大成者"，当之无愧。

指明误差，做出预言

八百年差一日

落下闳深知《太初历》在逼近天象上有不足之处，他指出："后八百岁，此历差一日，当有圣人定之。"

这就是说，从《太初历》颁布之时的公元前104年算起，到公元696年左右，历书的日子就差一天，以此类推。怎样解决呢？会有后世的圣人来计算、判定。这是伟大的天文学家留给后世的唯一可考的一句话，这真是：擎天一句，精神永垂。

中国古书《益都耆旧传》上有这样的记载：

> 巴郡落下闳，汉武帝时，改《颛顼历》，更作《太初历》。
> 曰："后八百岁，此历差一日，当有圣人定之。"

这个800年的数值从何而来呢？我尝试解释如下：
根据《太初历》，我们得知在"落下闳系统"里：

$$1\text{回归年的日数}T = 365\frac{385}{1539}\text{日} \approx 365.25016\text{日}$$

在《太初历》以前的历书中，1回归年的日数取为365.25日。

落下闳既然可以应用浑仪测定木、火、土、金、水这五大行星在二十八宿背景下的"会合周期"，当然有能力测定太阳从一个赤道坐标上的星座位置开始运行至再次到达这个星座位置的时间。这样测出的一年时间就不是回归年，而是恒星年。太阳的恒星年大于365.25日，太阳的回归年小于365.25日。

$$恒星年 - 回归年 = 岁差$$

史书上没有记载落下闳发现了岁差，但落下闳有可能发现岁差。由于岁差数值很小，所以要累积几十年以上才能明显观察到。假设落下闳测定的一年（恒星年）是365.25141日，于是他认为采用八十一分法得到一年为365.25016日是可行的，这一数据大于古历中的一年365.25日。

$$365.25141 - 365.25016 = 0.00125（日）$$

按照这个数字计算：

$$0.00125 \times 800 = 1（日）$$

即800年后正好差1日。

按我们现在的观测值，1恒星年日数为365.25636日，1回归年日数为365.24219日，恒星年总是大于回归年。将现在的回归年观测值与"落下闳系统"的 $T \approx 365.25016$ 日比较，则知125年就要差1日。现在对1朔望月的观测值为29.5305876日，与"落下闳系统"的朔望月日数29.53086日比较，则知300年就要差1日。

落下闳能做出预见，提出800年后，此历差1日。这说明，他认识到他所推演的历法，只是近似地逼近于天体的实际运行——这种思想是科学的，他还具体给出数据（800年），从近代科学的观点看，也是难能可贵的。

现在的天文学告诉我们：回归年是历法年，显著特点是回归年的时间都是天文学家根据太阳系运行规律提前计算出来的，而且回归的时间采用的是地球表面真太阳时体系，而恒星年采用的是钟表时体系。真太阳时体系与钟表时体系累计一年的时间差称为岁差。落下闳的测量及其预言，促进了中国天文学家发现岁差现象。

落下闳之后，中国的天文学家发现："月行有迟疾""日行有缓急"，以及岁差现象。可以推知，除去观测误差之外，仍有使之测不准的其他因素。中国古代历法中使用通其率、内插法、调日法，根据"日躔表""月离表"解一次同余式、求定朔等，其目的正是在于使历法理论逐步逼近实际天象。然而，计算永远不可能使历法与天象完全一致。

科学的发展过程是一个不断探索、试错、证伪的过程，天文测算不可能绝对正确，不可能不再发展。

北宋沈括在他的著作《梦溪笔谈》中批评落下闳，有合理的部分，同时也明显有些偏激。下面原文摘录〔《〈梦溪笔谈〉译注（自然科学部分）》，安徽科学技术出版社，1979年，第84—85页〕，请读者做出自己的判断。

落下闳历法（卷七、象数一）

《唐书》云："落下闳造历①，自言后八百岁当差一算②。至唐，一行僧出而正之。"此妄说也。落下闳历法极疏，盖当时以为密耳。其间缺略甚多，且举二事言之。汉世尚未知黄道岁差，至北齐（向）〔张〕子信③方候知岁差。今以今古历校之，凡八十余年差一度。则闳之历八十年自已差一度，兼余分④疏阔，据其法推气朔五星，当时便不可用，不待八十年。乃曰"八百岁差一算"，太欺诞也。

〔注释〕①落下闳——西汉巴郡阆中（今四川阆中）人，精通天文历法，隐居在洛下，曾作《太初历》（公元前104年）。②一算——一度或一数。③张子信——南北朝时北齐天文家（公元6世纪），曾发现太阳在黄道上的视运动不均匀性等。据《晋书》，在我国首先发现岁差的（约在公元330年），不是张子信而是晋代天文家虞喜，他定出春分点每五十年在黄道上要西移一度。虞喜，字仲宇，会稽余姚（今浙江省余姚县）人。

④余分——中国古算法没有小数，一整数被另一数除（前者为"实"，后者为"法"），除不尽的部分叫余分。这里的余分指一年日数后的非整数部分。

[译文]《唐书》说："落下闳编写历法，自称八百年后应有一日之差。到了唐朝，一行和尚出来修正了它。"这是错误的说法。落下闳的历法很粗糙，不过在当时还以为是精确的。其中遗缺忽略之处很多，姑且举两件事来说明。汉代还不知道黄道岁差，直到北齐的张子信才通过观测知道了岁差。现在拿古今的历书来校验，大约每八十多年差一度。落下闳的历法本身，八十年就已经差一度了，再加上余分计算不精确，依据它来推算节气、朔望及五星的运行，在当时就不能用，用不着等八十年了。所说"八百岁差一算"，这完全是欺人之谈。

沈括在他的《梦溪笔谈》中将落下闳曰"后八百岁，此历差一日"，理解为"八百岁差一算"，即"八百年差一度"。当时，落下闳可能不知道"岁差"这个概念，但是，他对二十八宿的测定，促进了后人发现岁差。

科学态度，实事求是

根据对古代日食、月食的观测资料的分析和推算，《太初历》以135个朔望月为交食周期。此外，从战国时期开始我国便有了干支纪年，以60年为一周期；也有干支纪日，以60日为一周期。这很符合科学，因为历法制定要以符合天象为准，但月大、月小、闰月却在一定程度上由人们自己规定，有了干支纪年、干支纪日，就等于在历史的时间轴上，划出等分的年间隔、日间隔。这样，推算过去和预测未来的时间，就不会因历法变更而发生差错。

《太初历》不仅系统观测日、月的运动，还系统观测水星、金星、火星、土星、木星这五大行星的运行，并相当准确地实测出这五大行星与日会合的周期。

《太初历》在"浑天说"的基础上纳入二十四节气。落下闳使用自创的赤道式浑仪实际测定了二十八宿的赤经差，在"浑天说"的基础上，将二十四节气完整纳入历法系统。

提出日法八十一分法，废除九百四十分法的四分历，改行八十一分法的《太初历》，这里面有大量的天文数据计算，都是由落下闳承担的。

《颛顼历》在岁末置闰，《太初历》改为无中气置闰。十九年闰月七次，保持不变。

统计出日食周期为135个月。落下闳第一次提出交食周期，以135个月为"朔望之会"，即认为11年应发生23次日食。这是应用统计方法得到的新发现。

朔日：每月初一。望日：每月十五日。晦日：月大每月三十日，月小每月二十九日。日食发生在朔日或晦日。

以汉初至武帝太初元年而论，据《汉书·五行志》记载：

> 高帝三年十月甲戌晦，日有食之。
>
> 十一月癸卯晦，日有食之。
>
> 九年六月乙未晦，日有食之。
>
> 惠帝七年正月辛丑朔，日有食之。
>
> 五月丁卯，先晦一日，日有食之。
>
> 高后二年六月丙戌晦，日有食之。
>
> 七年正月己丑晦，日有食之。
>
> 文帝二年十一月癸卯晦，日有食之。
>
> 三年十月丁酉晦，日有食之。
>
> 十一月丁卯晦，日有食之。
>
> 后四年四月丙辰晦，日有食之。

七年正月辛未朔，日有食之。

景帝三年二月壬午晦，日有食之。

七年十一月庚寅晦，日有食之。

中元年十二月甲寅晦，日有食之。

中二年九月甲戌晦，日有食之。

三年九月戊戌晦，日有食之。

六年七月辛亥晦，日有食之。

后元年七月乙巳，先晦一日，日有食之。

武帝建元二年二月丙戌朔，日有食之。

三年九月丙子晦，日有食之。

五年正月己巳朔，日有食之。

元光元年二月丙辰晦，日有食之。

七月癸未先晦一日，日有食之。

元朔二年二月乙巳晦，日有食之。

六年十一月癸丑晦，日有食之。

元狩元年五月乙巳晦，日有食之。

元鼎五年四月丁丑晦，日有食之。

元封四年六月己酉朔，日有食之。

　　上述29条日食资料，朔日5条，晦日21条，先晦一日3条。显然当时的历法已误差大约一日。这些日食天象的记录，为落下闳计算统计"日食"的周期，提供了数据的基础。

　　《太初历》奠定了中国古代历法的基础，一直影响到现在的中国历法，成为中国传统文化的基本知识。从汉武帝的太初元年开始，直到现在中国每一年正式发行的《日历》，都有二十四节气，都有干支纪年。例如，2018年，以干支纪年则是戊戌年。

汉武嘉奖，授予高官

汉武帝下决心改革秦始皇时代使用的《颛顼历》，落下闳、邓平、唐都"三人小组"经过努力，制定出新历法《太初历》，并在洛阳等三个地区分别进行天文观测加以验证。观测结果，合乎天象，实用于农业生产，明显克服了《颛顼历》已经存在的弊病。于是，汉武帝选择《太初历》历元的那一年，正式使用《太初历》。《太初历》颁布之后，汉武帝要落下闳担任"侍中"，即顾问，他"辞而未受"，回到老家阆中。后来，他为四川阆中培养了不少的天文学家。

制定《太初历》的功臣

根据《汉书》的记载，在《太初历》的制定过程中，落下闳起了关键的作用。由于落下闳精于观测又精通数学，因此他负责各种计算，这是历法中的重要部分。他还"观新星度、日月行，更以算推"，即造浑仪、测定星度、进行推算等，做了重要的工作。其他合作者做的工作很少有具体介绍。在世界科学史和中国科学史中，都以落下闳为制定《太初历》（又称为《三统历》）的代表人物。

《太初历》以冬至所在之月为11月，以正月为岁首，以没有中气的月份为闰月，对二十四节气的系统进行了改革，还明确地以135个月为交食周期。《太初历》(《三统历》)成为一个完整系统,且此系统一直流传了下来,成为以后历法的仿效模型。落下闳改进和制造的赤道式浑仪,在中国用了两千多年;他测定的二十八宿赤道距度(赤经差),奠定了测二十八宿的基础,一直用到公元725年,才由僧一行重新测过。

落下闳改进和制造赤道式浑仪,必须有其理论——"浑天说"。落下闳是"浑天说"的创始者之一。总之,无论从天文、数学,还是从历法、气象看,落下闳的贡献是杰出的。我们把《太初历》(《三统历》)、"浑天说"、浑天仪、二十四节气、二十八宿等所包括的天文系统,简称为"落下闳系统"。

落下闳奇迹年

落下闳是《太初历》的主要创制人。公元前104年是"落下闳奇迹年"。落下闳研制的浑天仪,是"浑天说"的物理模型,他在系统观测、数学算法、逻辑结构方面有一系列创新,构成了"落下闳系统"。古代希腊天文学家托勒密著述的《天文学大成》构成了"托勒密系统",比"落下闳系统"晚了200多年。"落下闳系统"与"托勒密系统"相比较,各有特色,对后世的影响深远。

"托勒密系统"采用黄道坐标系,流行于西方世界。一直到16世纪,德国天文学家第谷(1546—1601年)才放弃古老的希腊—阿拉伯黄道坐标和黄道浑仪,而采用中国人一向使用的赤道坐标。李约瑟写道:"赤道浑仪曾被认为是欧洲文艺复兴时期天文方面的主要进步之一,而中国人却早已使用。"落下闳采用的赤道坐标系统,现在通行于世界。

世界通行的公历与中国的《太初历》有相同之处,但又有很大区别。《太初历》是阴阳历,称为汉历,又称为农历。阴阳历的特点:既包括太阳的运行(表现在二十四节气),又包含月相的变化(初一和月末看不见月亮,十五月亮圆)。中国的阴阳历通过置闰法来协调日月的运行周期。太阳的周期，直接影响农业、气象、生活、健康；月亮的周期，直接关系到夜晚亮度和潮水涨落，以及地质变化和地震预报。阴阳历有其特殊的优点，故中国一直在使用。现在，世界通行的公历是阳历，只反映太阳的运行，不包含月亮的相位。阳历的优点是简单准确，误差较小；缺点是没有给出月亮运行规律的重要信息。

附表1：落下阂与司马迁比较表

	落下阂	司马迁
生卒年代	生卒年代不详，大约生活于前156年到前87年。	生卒年代不详，大约生活于前145年到前90年。
共事年代	落下阂参与改革历法，是在汉武帝元封元年至汉武帝太初元年（前110—前104年），这是确切的，有历史记载。	司马迁参与改革历法，是在汉武帝元封元年至汉武帝太初元年（前110—前104年），这是确切的，有历史记载。
父亲期望	落下阂的父亲不知其名，推测是一位非常有智慧的天文历法的传人，是隐士。他希望儿子观天测地，改革历法，功成名就后要告老还乡，孝敬父母。	司马迁的父亲司马谈（约前165—前110年），留下传世名篇《论六家之要旨》，临终给司马迁留下遗言，要求司马迁像孔子著《春秋》那样担当起撰写史书的使命。
人生特色	观千颗星，算万数据，通天彻地，解惑乾坤，这是落下阂的人生特色，他是一位自然科学家。	读万卷书，行万里路，胸襟开阔，眼界高远，文笔高超，这是司马迁的人生特色，他是一位人文科学家。
重要评价	落下阂的成就是"制浑仪浑象，创渐近分数算法，制定《太初历》"，在天文学、历算学上有知识创新，评价为：通天彻地落下阂，智慧人生亮古今。	司马迁以"究天人之际，通古今之变，成一家之言"为宗旨，创作了中国第一部纪传体通史《史记》。《史记》被评价为："史家之绝唱，无韵之《离骚》。"
重大经历	落下阂深受道家、墨家、儒家思想影响，只做不说，为而不争，孝敬父母。太初元年（前104年）汉武帝正式颁布施行《太初历》，并授予落下阂侍中。他辞官不受，回家当隐士，传法后生。	汉武帝天汉二年（前99年），司马迁任太史令时，因替李陵败降之事辩解获罪，按律当斩。他毅然选择了以腐刑换死刑，后任中书令，发奋继续完成《史记》，精神可嘉。
后世影响	落下阂不是文学家、史学家，没有留下任何著作，只留下一句话："后八百岁，此历差一日，当有圣人定之。"但是，他创制的浑天仪、提出的"浑天说"一直流传至今，是一种重要的宇宙论的物理模型。	司马迁也是一位杰出的天文学家，他将"天官书""历书""律书"写进《史记》，使中国天文史料得以保存。他的《史记》只记到太初元年，为中国《二十五史》之首。
各有所长	在观测天象、运算转历、改革历法方面，落下阂比司马迁高明。落下阂创制浑天仪，创立"浑天说"。他提出的《太初历》，实际使用了188年，一直影响到现代中国的汉历。	在忠于历史、融通天人、文笔优美方面，司马迁比落下阂智慧。司马迁相信"盖天说"，他提出的《历术甲子篇》历法，汉武帝没有采用，但《史记》开中国历史学之先河，影响至今。

	落下闳	司马迁
世界影响	落下闳是世界杰出的天文学家和历算学家。2004年，16757号小行星被正式命名为"落下闳星"。	司马迁是世界公认的文学家和史学家，也是杰出的天文学家。在世界历史学界，他是中国历史学家的代表。

附表2：《太初历》与《颛顼历》比较表

	《颛顼历》	《太初历》
使用年代	秦始皇于公元前221年统一中国，全国开始使用《颛顼历》，一直到汉武帝元封六年（前105年），秦《颛顼历》使用了116年。	汉武帝太初元年（前104年）改革秦《颛顼历》，正式使用《太初历》，一直到后汉章帝元和二年（85年），施行了188年。
历元（新历法的开始时刻）	1.《颛顼历》完成于秦献公十九年（前366年），正月甲寅朔旦夜半立春为历元。 2.公元前217年，即秦始皇三十年，以当时实测得到五月戊午朔旦夜半芒种作为历元。	汉武帝元封六年的十一月甲子日的夜半，朔旦夜半冬至为历元。
制定人	颛顼（约前2591—前2493年），中国上古部落联盟首领，"五帝"之一，黄帝之孙，昌意之子，生于若水之野（蜀地）。	落下闳（约前156—约前87年）与邓平、唐都（年龄比前两位大些，他是司马谈的天文学老师）。
继承古历	秦《颛顼历》继承"古六历"的内容：干支日周期60日；干支年周期60年。 19年7闰为置闰周期。235个朔望月的时间长度等于19个回归年。 $19 \times 12 + 7 = 235$	汉《太初历》继承"古六历"的内容：干支日周期60日；干支年周期60年。 19年7闰为置闰周期。235个朔望月的时间长度等于19个回归年。 $19 \times 12 + 7 = 235$
年首月份	以冬至所在之月为十一月，以十月为年首之月。	以冬至所在之月为十一月，以正月为年首之月。
置闰方式	以岁终置闰。秦《颛顼历》以每年十月为一年之首（岁首），每年岁终即九月。十九年七闰，都以岁终置闰。这样的置闰方式，误差较大。	以无中气置闰。从立春开始，雨水为"中气"，二十四节气里，偶数项为"中气"。一年里没有"中气"的月份即为"闰月"。改革了置闰方式。
时间单位（日月年）	《颛顼历》是一种四分历。一日的四分之一为历法之最小单位。 $1年 = 365\frac{1}{4}日 = 365.25日$ 19年有7个闰月，共235个朔望月。	《太初历》是一种八十一分历。一日的八十一分之一为历法之最小单位。朔望月长度为"一月之日二十九日八十一分日之四十三"。应用渐进分数方法，改变了一朔望月的数据。 $$\frac{499}{940} = \frac{1}{\frac{940}{499}} = \frac{1}{1 + \frac{441}{499}} = \frac{1}{1 + \frac{1}{1 + \frac{58}{441}}} = \cdots$$

	《颛顼历》	《太初历》
	1朔望月的日数： $19 \times 365\frac{1}{4} \div 235 = 29\frac{499}{940}$ （日） ≈ 29.53085 （日）	取各级近似值为： $\frac{1}{2}$, $\frac{8}{15}$, $\frac{9}{17}$, $\frac{17}{32}$, $\frac{26}{49}$, $\frac{43}{81}$ （落下闳最先使用渐进分数） 1朔望月 $= 29\frac{43}{81}$ 日 ≈ 29.53086 （日） 19年有7个闰月，共235个朔望月。 1回归年的日数： $29\frac{43}{81} \times 235 \div 19 = 365\frac{385}{1539}$ （日） ≈ 365.25016 （日）
周期计算	1回归年的日数为 $365\frac{1}{4}$ 日。 1朔望月是 $29\frac{499}{940}$ 日。 $940 = 2 \times 2 \times 5 \times 47$ $19 \times 4 = 76$ （年） $= 365\frac{1}{4} \times 76 = 27759$ （日），此为冬至回归到同一月日、同一时刻的周期。 $76 \times 20 = 1520$ （年） $= 555180$ （日），此为日干支回归到同一月日的周期。 1520年不是干支年60年的倍数。 $1520 \times 3 = 4560$ （年），为60年的倍数。 《颛顼历》并没有考虑日食周期。	135月（ $3 \times 3 \times 3 \times 5$ ），此为日食周期。 235月（ 5×47 ）（ $= 19$ 年），此为冬至回归到同一月日的周期。 6345月（513年），此为日食发生在同一月日的周期。其中，6345是135和235的最小公倍数。 $6345 = 3 \times 3 \times 3 \times 5 \times 47$ （月） $513 = 3 \times 3 \times 3 \times 19$ （年） 1回归年 $= 365\frac{385}{1539}$ 日 $1539 = 513 \times 3 = 3^4 \times 19$ （年） 1539年 $= 562120$ 日，这不是干支周期60日的倍数。 $562120 \times 3 = 1686360$ （日），为60日的倍数。 $1539 \times 3 = 4617$ （年） 定513年为一会，三会1539年为一统，三统4617年为一元。从上元开始，经一元（4617年）后，日月重新回到十一月甲子朔旦冬至的位置。 《太初历》确定的日食周期为135个月。
上元积年	无史料记载。	《太初历》以太初元年前十一月甲子夜半朔旦冬至为历元。可做出推测，《太初历》有个上元，距太初元年143127年。这时冬至、朔旦、夜半、日月合璧，同复于甲子年、甲子日。 "上元积年"应为4617年的整数倍。应用不定方程，或一次同余式，或"求一术"，或"通其率"法，可得 $N = 4617 \times 31 = 143127$ （年）。

	《颛顼历》	《太初历》
太极上元	无史料记载。	"三统二千三百六十三万九千四十，而复于太极上元。" 23639040年，这是冬至、朔旦、夜半、日月合璧、五星连珠，同复于甲子年甲子日的周期。 应用辗转相除法，得出一系列近似分数——渐近分数，取日月会岁、五星会终一系列周期的最小公倍数，可推算出"太极上元"，$M=23639040$年。
发明创新	应用圭表通过实际测定中午日影的长度，确定冬至、夏至、春分、秋分等二十四节气的时刻；系统地提出"盖天说"的宇宙理论；确定19年7闰为置闰周期。	最先创制浑天仪，选择北极星为不动点，采用赤道式坐标系，实际测定二十八宿的距度（赤经差），并将二十四节气与太阳所处的位置联系起来；奠定"浑天说"的宇宙理论基础。
理论基础	"盖天说"：天圆地方，天如同一个半圆的盖子，日月不会落到地面之下。	"浑天说"：天圆地圆，天如同在一个圆球上，日月五星夜晚落到地面之下。

说明1：

用《周髀算经》中测量冬至中午日影长度的方法，得到了"四分法"。测定1回归年为$365\frac{1}{4}$日（即365.25000日），而1朔望月的长为$29\frac{499}{940}$日（约29.53085日）。这是中国人在公元前100年前后的测量结果和普遍认知。当时只有分数的表示法，现在写上小数表示法，更一目了然。而《太初历》八十一分法则认为1朔望月为$29\frac{43}{81}$日（约29.53086日），1回归年为$365\frac{385}{1539}$日（约365.25016日）。

应用现代理论推算，当时的回归年应为365.2423日，朔望月为29.53059日，相比之下，似乎《太初历》比《颛顼历》稍差。这几乎是普遍的看法了。

我的新看法是：落下闳制定《太初历》之时（前104年），已经能够应用创制的浑仪测定二十八宿的距度（赤经差）。于是，落下闳就有能力测定太阳从一个赤道坐标上的星座位置开始运行至再次到达这个星座位置的时间。现在，我们知道这是恒星年。现在的测量结果是1恒星年为365.25636日。在落下闳时代，人们都不知道回归年与恒星年的差别，也没有岁差的科学概念，于是落下闳选择八十一分法，认为1月之长为$29\frac{43}{81}$日（约29.53086日），1年之长为

$365\dfrac{385}{1539}$日（约365.25016日）。他根据实际天文测量选择了大于365.25的八十一分法，这是可以理解的。

落下闳实测二十八宿的赤经差，显然，为以后发现"月行有迟急""日行有缓急""岁差"等，地球自转轴的"进动"与"章动"，地球近日点转动等天文新现象，提供了认识的基础和方法。很多天文现象的变化需要百年、千年、万年甚至亿年才可以观察到明显的变化。

科学发展是一个不断"试错"的过程。落下闳认识到观测有误差，理论有不确定性，人们的观测是在逼近天象，没有绝对的"决定论"。无论从西方的科学观，还是从现代的科学观看，这些认识都超越了他的时代，具有前瞻性，这是一种科学精神。

说明2：

落下闳在制定《太初历》过程中，推算八十一分法，以及他运算转历的数学方法，《汉书》上称其为"通其率"算法。吕子方认为是"连分数-渐进分数"算法，等价于"辗转相除求渐进分数"算法；中国台湾地区使用的术语是"密近简化计算法"。华罗庚先生认为，这是"有理数逼近实数""最佳逼近"算法。由于在世界上落下闳最先使用这种渐进分数算法，理当称为"落下闳算法"。

"落下闳算法"已经远远超越了在天文历算上的应用，对于数学的发展有更深远的启发性。"落下闳算法"促进了后来的天文历算家发现"强弱术""调日法""求一术"等，促进了中国数学家发现一次同余式组的一般解法、不定方程的解法。我在"落下闳算法"的启发下，解决了"缀数求π"的数学难题，并得到其他的研究成果（参见《世界杰出天文学家落下闳》一书第六章所论"落下闳算法对数学的启发性"）。

说明3：

春秋后期，产生了一种取回归年长度为三百六十五又四分之一日，采用十九年七闰为闰周的历法——"古四分历"。在欧洲，罗马人自公元前43年采用的《儒略历》所确定的回归年长度与此相同，但要比我国晚500年。而十九年七闰的方法，古希腊的默顿也是在公元前433年才发现，比我国晚100年左右。这说明，我国古代的"四分历"在当时的世界上是十分先进的，也标志着我国的历法制定已走向成熟。西汉末，在《太初历》的基础上，又改用"四分历"。"四分历"名称来源为岁余四分之一日（回归年取365.25日），但"古六历"也采用四分法，为区别二历称"古六历"为《古四分历》，而称"四分历"为《后汉四分历》。

第四章

辞官隐退，传播知识

汉武帝太初元年（前104年），《太初历》颁布实施。落下闳辞官，回阆中，隐落亭。汉武帝同意他回家的最主要理由，我猜想是落下闳提出要为父母守孝。汉武帝早在元光元年（前134年），就令郡国举孝廉，在社会上大力提倡孝敬父母，廉洁奉公。落下闳辞官隐退，有充分的理由。

汉武帝太初元年（前104年），《太初历》颁布实施。落下闳辞官，回阆中，隐落亭。汉武帝同意他回家的最主要理由，我猜想是落下闳提出要为父母守孝。汉武帝早在元光元年（前134年），就令郡国举孝廉，在社会上大力提倡孝敬父母，廉洁奉公。落下闳辞官隐退，有充分的理由。

　　太初元年，提倡"独尊儒术"的思想家董仲舒去世，他的思想对于中国文化的发展产生了重要影响。落下闳隐居后，继续观天测地，传法于后生，促进科学发展和社会进步，一直影响到当代。落下闳是集大成而创新，亮万年之光明。真正有价值的不仅是落下闳的知识创新，更为重要的是落下闳的科学精神！

低调做人，从不渲染

格物致知，基础雄厚

在天文学家中，落下闳是很奇特的。他是一位来自民间的天文学家。在他生命的几十年中，用了大半辈子研制浑天仪，观测天象，学习研究天文历算的各种方法。格物致知，基础雄厚。在到京城长安之前，他就深刻认识到《颛顼历》的弊病，例如，十九年七闰，古代六历都掌握了这个方法，但是《颛顼历》规定在一年的年终才"置闰"，这必然使历法的规定与实际的天象产生较大误差。

落下闳参与制定《太初历》，他与邓平、唐都三人联合提出的方案，优越于其他17种改革方案，这有必然性。他懂数学，负责数学计算；研制浑仪和浑象，测定二十八宿的赤经差；他为"浑天说"奠定了基础，更新了人们头脑中的宇宙图像。因他在天文学上做出重大贡献，汉武帝拜他为"侍中"，他"不受"要"归去来兮"。落下闳"来自民间，回到民间"，大有中国道家学者风范：上善若水，为而不争。

作为一位科学家，落下闳是幸运的。由落下闳负责计算推演的《太初历》，以《三统历》之名，完整地保存于中国官方的史书——《汉书·律历志》之中。这成为中国特色的天文历法的"楷模"，为以后的100多种天文历法提供了样板。在《太初历》中确定的"以孟春正月为岁首""以无中气之月置闰"等，一直应用到近代。

仰望星空，脚踏实地

落下闳与日月并存
观木火土金水变迁
那遥远又遥远星座
似乎千年微移点点

每天测定日影长短
商高定理知勾股弦
漏壶滴水量度时间
确定节气对照方圆

宇宙也在整体旋转
转出浩浩时间空间
人脑神经网络发散
格物创新算法领先

对二十四节气的贡献

联合国教科文组织保护非物质文化遗产政府间委员会第十一届常会，于2016年11月28日至12月2日，在埃塞俄比亚首都亚的斯亚贝巴联合国非洲经济委员会会议中心召开。11月30日下午，委员会经过评审，正式通过决议，将中国申报的"二十四节气——中国人通过观察太阳周年运动而形成的时间知识体系及其实践"列入联合国教科文组织人类非物质文化遗产代表作名录。

中国"二十四节气"的申报，从整体上归入第四类非物质文化遗产领域，即"有关自然界和宇宙的知识和实践"。中华民族在商朝，约公元前

1300年就有了文字——甲骨文。甲骨文里就有对日月运行及天文历法中的一些知识的记载和认识。商周时期就有了以天干（甲、乙、丙、丁、戊、己、庚、辛、壬、癸）和地支（子、丑、寅、卯、辰、巳、午、未、申、酉、戌、亥）依次排列组合成的六十个干支名称的纪日表，是我国最早的日历。

在古代先秦的历法中，就已经有了冬至、夏至、春分、秋分这些节气，但直到公元前150年左右，才有了对于二十四节气系统而完整的记载。《周髀算经》第三部分有"二十四节气"日影长度的测量，按照钱宝琮与刘朝阳的考证，应该不会晚于公元前100年。但是，《周髀算经》内所记载的"日月历法"，是建立在"盖天说"的基础上的。

"盖天说"认为，日月总在大地之上运行，而"浑天说"中的天体却可以运行到大地之下。落下闳在公元前110—前104年，制作浑仪观测二十八宿的赤道距度（赤经差），并在《太初历》中将二十八宿与二十四节气结合起来。"浑天说"的宇宙论知识，从汉武帝时代开始，才在中国天文历法中兴起，之后逐步占据统治地位。

有学者指出：完整的二十四节气出自《淮南子·天文训》卷三《天文》。《淮南子》以天体运行规律作为依据，第一次完整地记载了二十四节气的名称并说明了确定节气的方法。《汉书·淮南王传》记载："初，安入朝，献所作《内篇》，新出，上爱秘之。"淮南王刘安和门客研制成功的二十四节气，收在《淮南子·天文训》之中，在汉武帝即位第三年，被献给了朝廷，并且得到了皇帝的喜爱。那么，二十四节气体系的完成和发布，至今（2018年）已有2155年。这个说法可以再考证。

事实上，史书上并没有记载汉武帝在建元三年（前138年）公布二十四节气体系。根据《史记》和《汉书》的记载，在汉武帝太初元年（前104年）颁布的《太初历》中，才正式由朝廷最高当局发布二十四节气体系，至今（2018年）已有2121年。

因此，我们不认为是落下闳一个人独立完成了二十四节气体系，他应是得到了其他人的启发，毕竟，在《淮南子》中已经完整地记载了二十四节气。

前有先师，后有接班

在春秋末，周大夫、蜀人苌弘，是当时的著名天文学家。司马迁在《史记·天官书》中写道："昔之传天数者……周室，史佚、苌弘……"《淮南子·氾论篇》写道："昔者苌弘，周之执术数者也。天地之气，日月之行，风雨之变，律历之数，无所不通。"《韩非子·难言》称苌弘是一位"有道术之士也"，道术就是指天文、历法。

根据对20多条历史文献的考证，吕子方教授认为：苌弘是四川人，死于四川，是我国春秋末叶的天文、历法家。他既精通天文、历法、气象，还懂得地震的一些常识，在我国古代科学发展上，是有过贡献的。文献特别记载了苌弘在天文上的学术成就。落下闳在求学时代得到了苌弘传承人的教诲。天文学家苌弘是他的先师。

落下闳在"运算转历"中应用的数学方法，他建立《太初历》体系的方法论，至今尚引起人们深入研究和关注。落下闳的贡献是不朽的。落下闳的老师很可能是一位隐士；落下闳效法他的老师，又成了一名隐士。

扬雄（前53—公元18年）和张衡（78—139年）是落下闳"浑天说"的直接传承人和发展者。

汉代以来，落下闳的故乡——四川阆中，成为中国天文学家、数学家"朝圣"的地方。例如，唐初著名的天文学家、数学家李淳风（602—670年）等，晚年就住在了阆中，直至去世。

扬雄坚挺"浑天说"

扬雄，字子云，汉族，西汉官吏、学者，蜀郡成都（今四川省成都市郫都区）人。

扬雄博览群书，长于辞赋。年四十余，始游京师，以文见召，奏《甘泉》《河东》等赋，是司马相如之后西汉最著名的辞赋家。汉成帝时任给事黄门郎，王莽时任大夫，校书于天禄阁。扬雄是古代巴蜀的一位杰出全才，既是文学家、哲学家、语言学家，同时也是杰出的天文学家。

在古典文献中，扬雄最先在《法言》中提到"浑天"，明确地指出是"落下闳营之"。扬雄原来是相信"盖天说"的，在与桓谭辩论后才接受"浑天说"，并成为"浑天说"的坚定支持者。他根据"浑天说"的观点，提出了对"盖天说"的八点诘难。

《隋书·天文志》写道："汉末，扬子云难盖天八事，以通浑天。"扬雄批判"盖天说"的天文论著《难盖天八事》记载于《隋书·天文志》。从《难盖天八事》我们了解到，扬雄深入钻研过天文学问题，由支持"盖天说"到批判"盖天说"，有力地肯定了"浑天说"，推动了中国古代天文学的进展。

扬雄生活的时代（前53—公元18年）与落下闳生活的时代（活跃于前140—前104年）十分接近，他们又都是巴蜀人，扬雄的记载是可靠的。扬雄根据"浑天说"的观点，提出了对"盖天说"的八点诘难，由他的文章可以确信，落下闳是开创"浑天说"的最早的代表人物。

扬雄在《法言·重黎》中写道：

> 或问浑天，曰：落下闳营之，鲜于妄人度之，耿中丞象之，几乎几乎，莫之能违也。

这里的"浑天"即指浑天仪。"浑"字有圆球的意思，"立圆为浑"。浑仪是由许多同心圆环组成的天文观测仪，整体上看像是包在一个圆球里，又称圆仪。浑象则是一个真正的圆球。浑仪和浑象都是反映"浑天说"的仪器，在早期常统称为"浑天仪"。浑天仪是"物化"了的"浑天说"；"浑天说"是研造浑天仪的理论基础。也可以说，浑仪是"浑天说"的物理模型。

由扬雄的论述可知，落下闳是最早研制浑天仪的天文学家。同时，我们也得知扬雄在天文学方面有很深的研究，也是一位天文学家。

扬雄的《难盖天八事》

《难盖天八事》的第二条曰："春秋分之日正出在卯，入在酉，而昼漏五十刻。既天盖转，夜当倍昼。今夜亦五十刻，何也？"

这段话的意思是：按照"盖天说"的盖图计算，春分、秋分之日夜长应约为昼长的二倍；但是，实际上春分、秋分之日夜长与昼长是一样的、均分的。"盖天说"明显不符合实际观测的情况。

《难盖天八事》的第五条曰："周天二十八宿，以盖图视天，星见者少，不见者当多。今见与不见等，何出入无冬夏，而两宿十四星当见，不以日长短故见有多少，何也？"

这段话的意思是：按照"盖天说"的盖图观测天空，在一个特定的观测点，能见的星宿不到一半，看不见的星宿超过一半。实际上，夜间同时可以看到那半个赤道带上的二十八宿中的十四宿，在任何季节都如此，这与昼夜长短无关。"盖天说"明显不符合实际观测的情况。

《难盖天八事》的第六条曰："天至高也，地至卑也。日托天而旋，可谓至高矣。纵人目可夺，水与影不可夺也。今从高山上以水望日，日出水下，影上行，何也？"

这段话的意思是：按照"盖天说"，太阳在天上运转，总是高出地面，但是，为什么在高山上观看日出，太阳总是从地平线下升起呢？"盖天说"关于日出日入的解释是错误的，扬雄指出了"盖天说"错误之要害。

《难盖天八事》的第七条曰："视物，近则大，远则小。今日与北斗，近我而小，远我而大，何也？"

这段话的意思是：根据"视物，近则大，远则小"的物理原理，太阳和北斗运行到正南方时，离人最近，故应最大；太阳和北斗运行到正北方时，离人最远，故应最小。但观测到的事实却恰恰相反。"盖天说"明显不符合实际观测的情况。

"盖天说"的经典著作《周髀算经》，最后成形大约是在公元前87年。落下闳制定的《太初历》，是在公元前104年颁行的。扬雄学习研究过"盖天说"的经典著作《周髀算经》。扬雄在《法言·重黎》中写道："盖哉盖哉，应难未几也。"意思是："盖天说"啊"盖天说"，对许多问题解决不了！

从《难盖天八事》我们了解到，扬雄潜心深入钻研过天文学问题，扬雄也曾仰望星空，实际观测过变幻的天象。

中国天文学家对天文学的建立和发展做出了重大贡献，而其中落下闳的贡献非常突出，有多项创新，这已举世公认。落下闳首先研制出浑仪和浑象，后来扬雄、张衡等天文学家的成果是以落下闳的研制为基础发展起来的。

秦九韶师从隐士学数学

秦九韶，字道古，南宋数学家，普州安岳（今四川省安岳县）人。他主要活动在南宋末年，青少年时饱经战争忧患，成年后被迫离开四川，在湖北、安徽、江苏、浙江等地做官，晚年，他受贾似道打击，贬于梅州，"在梅治政不辍"，死于任所。秦九韶自称年轻时在杭州"访习于太史，又尝从隐君子受数学"。

公元前104年，落下闳辞官隐退，回到阆中老家。关于历法中的"近似分数"的算法，是他做了隐士之后传给后人的。秦九韶自称年轻时在杭州"访习于太史，又尝从隐君子受数学"。这位懂得历算方法的"隐君子"，也许就是落下闳算法的传人之一。

秦九韶还在《数书九章·序》中，指出：

> 今数术之书，尚三十余家。天象历度，谓之缀术；太乙、壬、甲，谓之三式，皆曰内算，言其秘也。《九章》所载，即周官九数，系于方圆者为蚩术，皆曰外算，对内而言也。其用相通，不可岐二。独大衍法不载《九章》，未有能推之者。历家演法颇用之，以为方程者，误也。

上面这段话的意思，翻译为白话文如下：

> 当今关于数学的书，计有三十余种。天象历法的计算方法，称之为"缀术"（"逼近之术"），应用于占卜术中的计算有"太乙、六壬、遁甲"，称之为"三式"，这些都称为"内算"。它们的算法是保密的，内传而不外传。《九章算术》所载的内容，就是《周礼》中的"九数"（《九章算术》的九章是：方田、粟米、衰分、少广、商功、均输、盈不足、方程、勾股），有关"方和圆"的数学问题，以及测量方位、地形之高深远近的方法，称为"蚩术"，这些都称为"外算"，它们的算法是公开的。"外算"是相对于"内算"而言的。"外算"与"内算"在应用上是彼此相通的，不应该视为两种截然不同的算法。

这解释了古代天文历算的一些算法是保密的，只教授给亲传弟子而不外传，即所谓"天机不可泄露"。落下闳作为一位隐士，他懂得的天文历算的方法，也只能"内传而不外传"，通过一代一代的隐士将天文历算的算法传播下去。故秦九韶也是从一位隐士那里学习数学，即天文历算的数学。

秦九韶知识渊博，当时人们称他"性极机巧，星象、音律、算术以至营造等事无不精究"。他在政务之余，对数学虔心钻研，并广泛搜集历学、数学、星象、音律、营造等资料，进行分析、研究。

秦九韶论述了数学在计算日月五星位置、改革历法、测量雨雪、度量田域、测高求远、军事部署、财政管理、建筑工程以及商业贸易等方面的巨大作用，认为不进行计算会造成"财蠹力伤"的后果，而计算不准确，"差之毫厘，谬乃千百"，于私于公都没有好处。因此他注意搜求生产、生活及战争中的数学问题，"设为问答以拟于用"，慢慢积累下来。在母亲去世之后，他回家守孝三年，1247年写成杰作《数书九章》。

在《数书九章》中，秦九韶提出和解决了81个问题。其中，有5个问题是天文历法中比较艰深的数学问题。

第一章，"大衍类"。秦九韶发现和建构了"大衍求一术"，成功解决了"一次同余式组解法"的数学问题，包括天文历法之中的"古历会积"：推导出古代历法中的"上元积年"。历法计时的起点称为"上元"，那一时刻应是冬至、朔旦（初一）、甲子日半夜。上元到制定某一历法当年所积累的时间，即"上元积年"。

落下闳在汉武帝改革历法期间（前110—前104年），就推算了《太初历》"上元积年"。秦九韶的"大衍求一术"中，最关键的部分就是应用了"渐进分数"的一个重要性质。"求一"就是指用辗转相除的算法，直到最后的余数为1时止，从而求出所需要的一个数。

第二章，"天时类"。其中有四个问题是天文历法问题："推气治历""治历推闰""治历演纪""缀术推星"。

"推气治历"是：已知某两年的冬至节气的具体时刻，由此推算这两年之间的某一年的冬至时刻，以及这一年的回归年时间与360日的差数等历法问题。

"治历推闰"是：根据某一历法上甲子年的冬至发生时刻等条件，推算实际的回归年时间与该历法纪年时间之差。这个差又叫闰。

"治历演纪"是：根据某历法的回归年和朔望月的数据，以及某年甲子日后冬至发生时刻、朔望月发生在甲子日后的时间等，推演出一系列历法的重要数据，共有23个数据。

"缀术推星"是：根据对木星运行在"合伏段"和"顺行段"的时间和度数的观测数据，应用逼近方法（即"缀术"），计算木星视运动的初速度、末速度及平均速率等。

《中国古代天文学家》一书评价秦九韶："在高次方程的数值解法和一次同余式组的解法上取得极其卓越的成就，并用于天文历法的计算问题，在中国数学史和中国天文学史上都做出了贡献。"

《数书九章》对世界数学的发展做出突出贡献。至今仍有重要意义的方法：大衍求一术——一次同余式组解法，正负开方术——高次方程数值解法，互乘相消法——线性方程组之解法，秦九韶公式——与海伦公式等价，秦九韶的缀术推星——逼近法等。

阆中圣人，永照人间

《中国大百科全书》有落下闳条目

《中国大百科全书·天文学卷》中，由席泽宗院士所撰写的条目"落下闳"，全文如下：

落下闳　中国西汉民间天文学家。生卒年不详，活动在公元前100前后。字长公，巴郡阆中（今四川阆中）人。汉武帝元封年间（公元前110—前104年）为了改革历法，征聘天文学家，经同乡谯隆推荐，落下闳由故乡到京城长安。他和邓平、唐都等合作创制的历法，优于同时提出的其他17种历法。汉武帝采用新历，于元封七年（公元前104年）颁行，改元封七年为太初元年，新历因而被称为《太初历》。汉武帝请他担任侍中（顾问），他辞而未受。落下闳是"浑天说"的创始人之一，经他改进的赤道式浑仪（见浑仪和浑象），在中国用了两千年。他测定的二十八宿（见三垣二十八宿）赤道距度（赤经差），一直用到唐开元十三年（公元725年），才由一行重新测过。落下闳第一次提出交食周期，以135个月为"朔望之会"，即认为11年应发生23次日食。

春节老人靓丽全球

中国汉历（农历）的岁首，新年的第一天，称为春节。春节是中国人民最隆重的传统节日，它象征团结、兴旺、吉祥、喜庆、和谐、和平，是对未来寄托新的希望的佳节。上亿的中国人在春节之前，常常奔波千里万里与家人团聚；占世界五分之一人口的全球华人，在世界各地"同时"辞旧迎新，辞冬迎春。这些都体现了中国人有礼节、讲仁爱、奉忠孝、爱和平、拜天地、敬生命的人文精神。

中国古代的夏、商、周，以及统一了各国的秦朝，每年的第一个月，即"元月"的日期并不一致：夏朝用孟春的元月为正月，商朝用腊月（十二月）为正月，秦始皇统一六国后以十月为正月，汉朝初期沿用秦历。这就是说，元月与春节并不完全一致，元月是元月，春节是春节，迎接新年与迎接春天，两者不是合在一起的。真正从历法上规定"元月即春节"，将"迎接新年"与"迎接春天"直接联系、法定统一起来的人，是汉武帝刘彻和天文学家落下闳。

《太初历》确定了"以孟春正月为岁首"的历法制度，使国家历史、政治上的年度，与人民生产、生活的年度协调统一起来，改变了秦和汉初以冬十月到次年九月作为一个政治年度的历法制度。孟春是春季的第一个月。中国春季的三个月，分别称为：孟春、仲春、季春。夏、秋、冬三个月也有如此称谓。"以孟春正月为岁首"，即规定春季的第一个月就是新年的第一个月，以正月初一为一年的第一天，也就是"元旦"。按照中国人的风俗，从大年初一到十五，都在"过年"。通过闰月的规定，二十四节气的第一个节气立春大多安排在大年初一到十五之间。所以人们理所当然称之为"春节"。

由于《太初历》的使用，中国人迎接新年与迎接春天，两者正式"法定"合二为一了。落下闳是一位来自民间的天文学家，他深知"春节"在民间的重要性。在农闲时间迎新年、迎春天，这是"道法自然"。此后，中国的农历一直沿用"以孟春正月为岁首"，直到当代。从公元前104年汉武帝刘彻正式颁布《太初历》起，全国人民每年过春节，到今年（2018年）已历时2121年了！

春节在中国人民的生活中是最重要的节日，是"中华民族第一大节"。根据史书的可靠记载，我们完全有理由认定：落下闳是中国的第一位"春节老人"；四川阆中是中国春节老人落下闳的故里。落下闳作为"春节老人"是真人真事，而且，他是名副其实的科学家，是"知识老人"！是"智慧老人"！是中国传统文化中最具有代表性的"创新老人"！

二十四节气应用广泛

中国二十四节气所包含的有关自然界和宇宙的知识和实践，相当广泛而且深刻。从汉武帝太初元年颁布《太初历》开始，二十四节气与二十八宿完整联系起来，直接或间接促进了中国传统文化将天文、数学、农学、气象、医学、养生、保健、旅游、文学、艺术等融为一体。二十四节气与每个中国人的衣、食、住、行都息息相关，成为中国人生产、生活的基本知识和决策实践的重要知识。

《太初历》是中国古代科学的一个里程碑式的成果。自汉武帝颁布《太初历》之后，中国历朝历代所颁布的历法，与汉代的《太初历》大同小异。中国的传统节日，几乎大都与汉历，特别是二十四节气有关，如春节、元宵节、清明节、七夕、中秋节等。

直到今日中国还在应用的"汉历"（又称农历、阴阳历），都保留了二十四节气：立春、雨水、惊蛰、春分、清明、谷雨；立夏、小满、芒种、夏至、小暑、大暑；立秋、处暑、白露、秋分、寒露、霜降；立冬、小雪、大雪、冬至、小寒、大寒。在《太初历》中，二十四节气中的奇数项称为"节气"，偶数项称为"中气"。《太初历》规定：以冬至所在之月为十一月，以正月为岁首，将迎接新年与迎接春天统一起来；十九年七闰，以没有"中气"的月份为闰月，使中国的汉历科学化，更符合实际测定的天象。

《周髀算经》里记载的二十四节气是根据在地上测量"日影"的长度来确定的，以"盖天说"为宇宙论。落下闳在《太初历》中确定的二十四节气，则以"浑天说"为宇宙论，是通过测定太阳运行在二十八宿的位置来确定的，这就有本质的差异。"二十四节气——中国人通过观察太阳周年运动而形成的时间知识体系及其实践"列入联合国教科文组织人类非物质文化遗产代表作名录，显然是肯定了"浑天说"和《太初历》（汉历）的"有关自然界和宇宙的知识和实践"。

第五章

来自民间，回到民间

　　落下闳的贡献是不朽的。落下闳的父亲和老师，很可能都是隐士；落下闳效法他的父亲和老师，成为一名隐士。落下闳"来自民间，回到民间"，换句话说，他"从群众中来，又回到群众中去"。群众是真正的英雄，群众是"上帝"。

为而不争，道家风范

淡泊名利，辞官隐居

在天文学家中，落下闳是很奇特的。他是一位来自民间的天文学家，他怎样成为如此卓越的天文学家，无法从历史文献中直接考察分析；他参与制定《太初历》，负责数学计算；研制浑仪和浑象，测定二十八宿相距度数；他为"浑天说"奠定了基础，更新了人们头脑中的宇宙图像。因他在天文学上做出重大贡献，汉武帝拜他为"侍中"，他为什么"不受"而要归去来兮呢？这也无法从历史文献中直接考察分析。

我们大胆地说：落下闳，"来自民间，回到民间"，大有中国道家学者风范。

我们可写一首小诗：

> 落下闳淡泊名利，
> 回报他的却是名扬四海；
> 科学家辞官隐居，
> 将知识传给了后代。

落下闳的贡献是不朽的。落下闳的父亲和老师，很可能都是隐士；落下闳效法他的父亲和老师，成为一名隐士。

落下闳"来自民间，回到民间"，换句话说，他"从群众中来，又回到群众中去"。群众是真正的英雄，群众是"上帝"。效法一位英国诗人歌颂牛顿的诗句，我们可以说：

天体和宇宙图像，
隐藏在黑暗之中。
玉皇说：让落下闳降生吧！
从此天下通彻光明。

尊重历史，实事求是

现在，世界通行的公历是阳历，只反映太阳的运行，不包含月亮的相位。公历，原来是"儒略历"，后改为"格里高利历"。公历的缺点也很明显：各月长短不齐，有的相差3天，人为地规定2月只有28天；平年上半年181天，下半年184天，也相差3天，给统计带来麻烦；某月某日与星期几之间毫无关系，给节日安排带来不便；月份命名复杂，增加记忆负担，而且公历与月亮的阴晴圆缺没有关联，徒具虚名。在当今中国，公历和汉历同时在使用。

落下闳在天文历算领域是一位"集大成，善创新，得智慧"的科学家，他所研制的浑天仪，奠定的"浑天说"基础，改革制定的《太初历》，并非完美无缺，尚有一些内容有待改进和丰富、发展。中国后来的天文历算家们，在落下闳的基础之上，又有一系列新的观测发现，又提出了一系列新的历算方法。

例如，东汉的刘洪提出"定朔算法"，提出"日月食限"的概念；祖冲之将岁差引入历法计算；隋代的刘焯用"等间距二次差内插法来处理日、月运动的不均匀性"；唐代的一行用定气编排太阳运行表，创不等间距二次差内插法；宋代的何承天创立"调日算法"；宋代的沈括在《梦溪笔谈》提出一种"纯阳历"的新历法；元代的郭守敬创三次差内插法，并用类似球面三角的公式解决了太阳黄赤道坐标换算的问题。上述一系列新发现、新算法，都属于当时世界领先的天文学和数学的成就。

落下闳在中国天文历算方面的贡献是开创性的，无论在中国还是在全世界，他的成就影响深远。

通天彻地落下闳，智慧人生亮古今。

道家影响，代数结构

"太极上元"这个周期实在是相当宏大。在我国古代，"太极上元"的思想，包含有天体起源、宇宙演化的思想。

老子在《道德经》中写道："有物混成，先天地生。寂兮！寥兮！独立不改，周行而不殆，可以为天下母。吾不知其名，字之曰道。"又说："道生一，一生二，二生三，三生万物。万物负阴而抱阳，冲气以为和。"并认为："无名，天地之始；有名，万物之母。"

将老子的这三段话用现代文表述，即"这是一种在混沌中产生的东西，早在天地产生之前，它就存在于静寂浩瀚的太空中。它独自存在并且是守恒的，它不停地循环往复地运行，可以认为它便是宇宙的本源。我不知道它的名字，姑且称它为'道'。""道使得统一的气运动起来，统一的气产生对立的阴阳二气，阴阳二气产生天、地、人三种东西，由这三种东西，产生出万物。万物都包含阴阳，充满着气，形成和谐的整体。""无名的、混沌的、无形的东西（类似于星云）是宇宙的本源；而有名的、清楚的、有形的东西（例如日、月、星等）是万物的母体。"

《三统历》创立者即将冬至、朔旦、夜半、日月合璧、五星连珠位于甲子日算作有形的天地万物的开始。《三统历》中写道："五星会终，触类而长之，以乘章岁，为二百六十二万六千五百六十，而与日月会。三会为七百八十七万九千六百八十，而与三统会。三统二千三百六十三万九千四十，而复于太极上元。九章岁而六之为法，太极上元为实，实如法得一，阴阳各万一千五百二十，当万物气体之数，天下之能事毕矣。"

"落下闳系统"，其内容的确包含中国古代物理学的宇宙论。

集大成之，智慧超前

系统观测和逻辑体系

如果说托勒密、哥白尼、开普勒的世界图像和理论结构是几何学的，那么中国古代创立《太初历》的"落下闳系统"的世界图像和理论结构则是代数学的。同样都是在大量、长期的系统观测基础上，应用了数学方法建立起完整的逻辑体系，显然既不能说几何方法高于代数方法，也不能说代数方法高于几何方法。

牛顿的经典力学与欧几里得几何有密切联系，爱因斯坦的相对论与黎曼几何有密切联系；而麦克斯韦的电磁场理论同矢量分析关系密切，量子力学与不可对易代数关系密切……从统一的数学观点看，不同的数学方法是相互联系的，是可以相互变换的。

任何一种特定的数学方法都有局限性，几何学方法也不例外。正如温伯格所指出："只要我们能够指望（正如爱因斯坦曾经指望过的），物质最终可以用几何语言来理解，那么在描述引力理论时给黎曼几何以首要地位，才是有意义的。但是现在，时间的流逝已教导我们，不能指望强作用、弱作用和电磁作用都可以用几何语言来理解了。因而过分地强调几何，只能模糊引力理论与物理学其余分支之间的深刻联系。"

中国古代物理中，强调代数方法，虽然在简明性、直观性方面比几何方法差一些，但在深刻性、抽象性方面，就更为接近现代物理学的发展趋势。

《太初历》的理论结构和学术传统，影响了后世的一系列历法体系。对太阳系各大行星的系统观测，不断改进的数学方法，逐步建立的符合天象的历法理论，等等，都达到了很高水平。这些系统观测和理论体系都详细地记载于历代《律历志》之中。难道还能说中国古代科学缺乏系统观测和逻辑体系吗？

此外，中国古代的律学，从春秋战国时代的三分损益律，到明代朱载堉发明的十二平均律，都是在以弦定律、以管定律等大量的系统实践的基础上，建立的完整的律学理论体系。这是中国古代的物理科学中有系统实验和逻辑体系的又一证明。

浑天模型的宇宙理论

落下闳研制浑仪与浑象，这是一项真正创新的成果，在中国历法数千年观测大数据的基础上，实际提出了一种崭新的宇宙图像：浑天图像，提出了一种深度的宇宙理论："浑天说"。集大成啊！智慧超前！

在现今保存的历史文献中，最早提到"浑天"这个词的，是西汉末扬雄的《法言·重黎》，此文中写道："或问浑天，曰：落下闳营之……"这里的"浑天"即指浑天仪。"浑"字有圆球的意思，"立圆为浑"。

由扬雄的论述可知，落下闳是最早研制浑天仪的天文学家。

《新唐书·天文志》写道：

> 汉落下闳作浑仪，其后贾逵、张衡等亦各有之，而推验七曜，并循赤道，按冬至极南，夏至极北，而赤道常定于中国，无南北之异。

《新唐书·历志》又写道：

> 古历星度，及汉落下闳等所测，其星距远近不同，然二十八
> 宿之体不异。

这说明落下闳研制的是赤道式浑仪，并且落下闳等人用此仪器，测定
了二十八宿的距度。

《史记·历书》中写道：

> 至今上即位，招致方士唐都，分其天部；而巴落下闳运算转
> 历，然后日辰之度与夏正同。

此文下的注解是：

> 《益部耆旧传》云：闳字长公，明晓天文，隐于落下，武帝
> 征待诏太史，于地中转浑天，改《颛顼历》作《太初历》，拜侍
> 中不受。

当时，落下闳作为"民间治历者"而被招募进京。《汉书·律历志》
写道："姓等奏不能为算，愿募治历者。"历本之验在于天，历法必须与
天象相符合，故落下闳必须研究浑仪以观察天象。但是，进一步要解决的
问题是计算，这个任务完全落在落下闳身上，"而闳运算转历""于是皆
观新星度、日月行，更以算推"。推算出的结果，需要加以说明或演示，
这就有必要研制浑象。浑象在西方称为"天球仪"，是演示用仪器。李约
瑟认为："既然石申和甘德测定恒星位置的时期早于伊巴谷两个世纪，那
么，认为秦代或西汉时代不会制成实体球式的浑象，便是没有根据的。"
（《中国科学技术史》，第3卷，英文版，第382—383页）吕子方的研究表
明，落下闳不仅研制了浑仪，而且研制了浑象。落下闳在中国天文学史上

的贡献，无疑有划时代意义。

宇宙理论的现代发展

建立在"广义相对论"和"量子物理学"基础之上的现代天体物理学，认为宇宙是在大爆炸之后约137亿年形成的，"根据现有的资料，大爆炸发生于大约137亿年之前。"（见史蒂芬·霍金、列纳德·蒙洛迪诺：《大设计》，湖南科学技术出版社，2011年，第132页）大爆炸后形成了我们今日可观测的"在加速膨胀的浑天宇宙"。现在，我们观察到的宇宙比古代大大扩展了（从太阳系到银河系，到河外星云，到总星系），但是无论如何，整个宇宙是圆球形的，而且在加速膨胀，这是一个观测的事实，也是理论推断的结果。

我们说这与落下闳"浑天说"的宇宙模型有相似之处，这不是牵强附会。宇宙中尚有95%的"暗物质""暗能量"，人类至今没有确切地了解，宇宙中还有许多未知的规律，等待人类去发现、去探索，科学没有终结。

默默无闻，回归上天

刘彻葬茂陵，长公葬阆中

汉武帝刘彻与落下闳同年出生，同年去世，这是猜测。

刘彻去世后，谥号孝武皇帝，庙号世宗，葬于茂陵（今陕西省兴平市东北）。

落下闳去世，葬礼极简单。估计隐于落阳山上或高阳山之巅，墓地至今未发现。一旦发现，落下闳之墓内容必定非凡！

来自天庭，回归天庭

民间故事说，公元前156年，
落下闳，从天而降，
巨星下凡，来自天庭。

两千多年后，公元2004年，
落下闳，又从地而升，
回归上天，落下闳星。

公元2004年9月16日，在北京钓鱼台国宾馆国际俱乐部大厅，中国科学院国家天文台和四川省阆中市人民政府联合举办了"落下闳小行星"命名仪式新闻发布会。会上正式宣读了国际小行星命名委员会关于"落下闳星"的命名公报。两份报告如下：

由国家天文台报送国际小行星中心的落下闳命名申请报告写道：

落下闳（前156—前87年），中国古代著名民间天文历算学家，发明了赤道式浑仪，对天象进行了精确的测算（奠定了测二十八宿的基础）。他所制定的中国首部天文历数系统《太初历》，是沿用了近2000多年的历数标准模式，并把二十四节气纳入中国历法体系，首次确定将正月定为岁首"春节"。其发明的"通其率"数学方法（即用辗转相除法求渐近分数），不仅为历法计算提供了有力的工具，且对后世影响甚大。

国际小行星联合会的批复写道：

（16757）落下闳＝1996SC

国家天文台施密特CCD小行星项目组1996年9月18日于兴隆发现。

落下闳（140BC—87BC）是中国西汉著名民间天文学家。他利用自制的天文仪器长期观测星象，并藉此创制出中国历史上有文字可考的第一部优良历法——《太初历》；他还是"浑天说"的创始人之一，经他改进的赤道式浑仪，在中国用了2000年。

（小行星通报，第52267号，2004年7月13日）

不言之教，高人崇拜

落下闳的天文学成就被张衡继承，并影响到李淳
风、袁天罡以及任氏父子、周氏祖孙等人的研究与创新。
"观天测地"传之后世，至今不绝。

张衡传承，光耀人间

张衡的传承与发展

根据《史记·历书》《新唐书·天文志》《新唐书·历志》等的记载，落下闳研制的是赤道式浑仪，并且落下闳等人用此仪器测定了二十八宿的距度；落下闳不仅研制了观测天象的赤道式浑仪，而且制作了演示天象的浑象。

吕子方教授的研究认为："落下闳在地中转动的当然是浑象，这就是我们现在所称的天球仪，这种仪器是拿来做示范的。""如果说这是一种实测天的仪器，就应当摆在地面上去，为什么却反而摆在地下呢？""因此，我认为浑象也是落下闳造的，只是后来张衡又加以改进罢了。"

吕子方教授曾写道："落下闳关于'浑天说'的理论，不仅与《淮南子》中关于'浑天说'的理论如出一辙，而且落下闳还有更深的研究，他用实物把天的形状、日月星辰的运行等天象，实际表演出来，因而使'浑天说'，不仅只谈学理，而且以实物表演来证实这一学理，这对于牢固地奠定浑天学说的理论基础，是太重要了。因此我认为可以这样说，落下闳是我国在实际上奠定浑天学说基础的第一人，而张衡又在他的基础上，不断地加以改进，从而又取得新的更大的成就。"（吕子方：《中国科学技术史论文集》上册，四川人民出版社，1983年，第211页—212页）

张衡在《灵宪》中写道：

昔在先王，将步天路，用定灵轨，寻绪本元，先准之于浑体，是为正仪立度，而皇极有建也，枢运有稽也。及建乃稽，斯经天常。圣人无心，因兹以生心。

四川学者鲁子健在《落下闳与天文学》一文中，将上述文言文释译为："我们前辈的天文学家，为了探寻宇宙的秘密，查明各个天体的运行和万物的本源，于是便创制了科学的观测仪器——浑天仪。通过校正仪器，确立了度数，就可以定出北极的位置。一切天体都是沿着一定轨道绕天轴而运转的，因而对它们是可以通过观测研究而认识的。创制浑天仪并经过对天象的观测后，验证了一切天体的运行出没都有其规律性。前辈天文学家对浑天学说理论的提出和对天文观测仪器的发明创造，并非凭自己的主观臆测，而是通过科学实践得出来的。"（鲁子健：《巴蜀天数》，巴蜀书社，2005年，第48—49页）

上述解译与李约瑟翻译成英语的《灵宪》引文，意思是完全一致的。张衡这段话表明，他提出的"浑天说"是继承了落下闳开创的"浑天说"。

唐代学者，追步长公

李淳风和袁天罡

唐代的两大学者李淳风和袁天罡曾聚会阆中，而且，最终安息在阆中。

李淳风生于隋文帝仁寿二年（602年），逝于唐高宗咸亨元年（670年）。他是道士，道号黄冠子，生于岐州雍县（今陕西省宝鸡市岐山县），天文学家、数学家、易学家，精通天文、历算。

袁天罡，生卒年代不详，益州成都人。根据史料记载，他应是生于隋代，卒于唐高宗麟德初年。他是隋唐时代最著名的相师，是历史上一位传奇式的人才。袁天罡与李淳风是师徒关系，袁天罡是师，李淳风是徒。

落下闳生活于汉武帝时代；李淳风生活于唐太宗、唐高宗时代。

如果说落下闳开创"浑天说"，制定《太初历》，在天文历算领域"集大成，得智慧，善创新"，"落下闳系统"完全可以与古希腊的"托勒密系统"相提并论，各有特色，那么，李淳风则是在天文学、数学、历算学、气象学、未来学等领域，将落下闳等前人研究的成果发扬光大，达到一个更高的水平。

袁天罡和李淳风所著的《推背图》，是中国历史上经典的"未来学"著作。《推背图》以其预言方面的高超智慧而著称于世。《推背图》构建了一个中国和世界历史，是按照"帝制时代→共和时代→大同时代"这一历史观而发展的理论体系，向后人昭示了人类历史最终将走向人不分黑白、地不分南北、无城无府、无尔无我、天下一家、万教归一的"大同时代"。

李淳风青年时代在太史局研究天文、历法、算学以及天象仪器，颇有所得。他向唐太宗上疏，建议改制浑仪，唐太宗同意。他于贞观七年（633年），终于制成新浑仪，即铜铸浑天黄道仪。此浑仪将古代的两重浑仪改为三重，最外为六合仪，中间是三辰仪，最内系四游仪。在此之前的浑仪，只有相当于四游仪及六合仪的两个层次。此仪黄道经纬、赤道经纬、地平经纬均可测定。唐太宗"以功加授"李淳风为承务郎，令其将浑仪置于凝晖阁。李淳风在研制浑仪的过程中，研究了古代浑仪的发展与特点，写成《法象志》七卷，评论了前代浑仪得失之差。李淳风是将落下闳创制的赤道式浑仪发扬光大的继承人。

贞观十五年（641年），李淳风受诏"预撰《晋书》及《五代史》"，"其天文、律历、五行志，皆淳风所作也"。《五代史》为梁、陈、周、齐、隋五代的历史，后来其中的"十志"并入《隋书》，所以《五代史志》就是《隋书》中的"志"。李淳风撰写《天文志》《律历志》时，对自魏晋至隋朝这段历史时期天文、历法与数学方面的重要成就，做了较全面的搜集和整理。

李淳风是世界上第一个给风定级的人。他的名著《乙巳占》，是世界气象史上最早的专著。李淳风还校订和注释了"十部算经"，这是中国传统数学呈现繁荣的重要标志。

李淳风花极大精力投入校订和注释"十部算经"：（1）《九章算术》，刘徽注；（2）《周髀算经》，赵君卿注，甄鸾述；（3）《缀术》，祖冲之、祖暅撰；（4）《五曹算经》，甄鸾撰；（5）《海岛算经》，刘徽著；（6）《孙子算经》；（7）《张丘建算经》，刘孝孙演本；（8）《五经算术》，甄鸾撰；（9）《夏侯阳算经》；（10）《缉古算经》，王孝通撰。

北宋元丰七年（1084年）印行"十部算经"，但因为《缀术》失传，实际只有九部。南宋翻刻本则用《数术记遗》（徐岳著，甄鸾注）代替《缀术》，也是"十部算经"。"十部算经"又统称为《算经十书》，先后收入《永乐大典》《四库全书》，一直流传至今。1963年，中华书局出版了钱宝琮点校的《算经十书》。

《隋书·律历志上·备数》有中国史书中关于祖冲之圆周率的最早记载，用现代数学语言表达，就是祖冲之求出：$3.1415926 < \pi < 3.1415927$，圆周密率为 $\frac{355}{113}$，约率为 $\frac{22}{7}$。祖冲之的圆周率已准确到小数点下第七位，他的"密率"是分子、分母在1000以内表示圆周率的最佳近似分数，欧洲人在1100多年后才得到这一结果。祖冲之所著的《缀术》早已失传，他的这一光辉成就因被李淳风编入史书，才得以流传后世。

在制定《太初历》过程中，落下闳"运算转历"的算法在中国数学史上是最先使用"辗转相除"的方法，得到"渐进分数"的。《汉书·律历志》称之为"通其率"的算法，就是要算出"渐进分数"。《隋书·律历志上·备数》记载的"率"，是中国古算所研究的最基本的数量关系，它在算术中有极其广泛的应用，是中国古算许多理论的基础和算法的源泉。李淳风首次将"率"载入官修正史而且赋予其显赫的地位，李淳风对中国历算的算法真谛有深刻认识。

袁天罡，唐初益州成都（今四川成都）人，唐代天文学家、星象学家、预测家，在隋朝时曾出任盐官令，著有《五行相书》《推背图》等著作。袁天罡是李淳风的师父，他们都是隋末知识渊博的道士。袁天罡曾经筑舍居于阆州蟠龙山前，李淳风因久慕其名，故带金自远而来，拜于门下。袁天罡和李淳风师徒两人晚年都在四川阆中度过，并且都安葬于四川阆中。至今在阆中还保留着他们师徒两人的墓地。

梁令瓒继承创新

梁令瓒，唐朝四川人，生卒年不详。

在唐朝开元年间，梁令瓒与僧一行合作制造两种大型天文仪器：黄道游仪、浑天铜仪。其结构精巧，使用方便，功能较全，精度尚高，有不少创新。梁令瓒起了相当重要的作用，是一位杰出的天文仪器制造家。梁令瓒是我国天文学发展史上，承先启后的重要天文学家。

《唐书·律历志》写道："开元中，僧一行精诸家历法，言《麟德历》行用既久，晷纬渐差，宰相张说言之。玄宗召见，令造新历。遂与星官梁令瓒，先造《黄道游仪图》，考校七曜行度，准易大衍之数，别成一法。"

梁令瓒又是一位画家。现珍藏在日本大阪市立美术馆的《五星二十八宿神形图卷》中的岁星神像的题字中有"奉义郎守龙州别驾集贤院待制仍太史臣梁令瓒上"，提供了梁令瓒当时所任官职的确切资料。梁令瓒确实主持过太史监工作。他在编制《大衍历》时，显露出他在天文方面的才华，随后便进入太史监，担任星官的职务，之后任太史令。

阆中任周，继承祖先

西汉时，在天文历算家落下闳的直接影响下，阆中形成了影响全国的民间天文研究中心，天文学方面的人才不断涌现。西汉末，阆中出了任文孙、任文公这对父子天文学家。三国蜀汉时，阆中人周群及其父周舒、其子周巨三代人皆是天文学家，被誉称为"天文世家"。

东汉时，道家创始人张道陵及其家人和弟子们来到阆中，在云台山和文成山观测天象。唐代，著名天文学家袁天罡来阆中，在蟠龙山筑观星台观测天象，死后葬于阆中天宫乡观稼山。

阆中人对于天文学和落下闳的好奇、关注与热爱一直持续至今。不仅从事科研工作的人对落下闳的研究很有兴趣，而且，学习研究文学的人也十分关注落下闳的成就。请看阆中市文联主席李文明的一首诗：《落下闳星》（李文明：《古典阆苑》，中国文联出版社，2006年，第51页）。

落下闳星

银河系里有一颗星。宇宙里的爆炸

产生了无数的星云，一种追索

缺席了两千多年。宇宙的本事

就是膨胀，星辰却执意陷于坍塌。

然而，属于东方的一颗星

穿过恒星和行星的距离
重新闪烁

一沙一界，一尘一劫
一度沉寂的天穹
竟然充满了震撼和喜悦
充满了美。一颗星星的出现
原来诞生不是诞生，而是发现

木星、金星和火星的命名
在几十亿万年前就开始了
谁也不知道16757号只能在
恐龙灭绝之后的2004年9月16日
发出璀璨的光华，就像天地初开
就像伏羲女娲……戏正上演

这样的命名，是一场迟到的相遇
只有仰望的人才会仰望
只有欢呼的人才会欢呼
只有鼓掌的人才会鼓掌
只有落泪的人才会落泪

2006年2月3日

任文孙、任文公

　　中国西汉时期以来，从事天文学的学者大都有家庭教育的背景，父亲传授给儿子成为一个普遍的现象。司马谈与司马迁父子、任文孙与任文公父子、周舒与周群父子以及周群与周巨父子等，都是父亲教儿子。落下闳作为一位"隐士"，我们猜测落下闳的父亲也是从事天文学的，落下闳的儿子估计也是从事天文学的。"观天测地"需要从小训练，方能达到"通天彻地"的水平。

任文公，巴郡阆中人。《后汉书》写道："父文孙，明晓天官风角秘要。文公少修父术，州辟从事。"他们父子都是天文学家。

周舒、周群、周巨

《三国志·蜀志》本传中写道：

> 周群字仲直，巴西阆中人也。父舒，字叔布，少学术于广汉杨厚，名亚董扶、任安……
>
> 群少受学于舒，专心候业。于庭中作小楼，家富多奴，常令奴更直于楼上视天灾，才见一气，即白群，群自上楼观之，不避晨夜。故凡有气候，无不见之者，是以所言多中……
>
> 先主欲与曹公争汉中，问群，群对曰："当则其地，不得其民也……"

《王嘉拾遗记》中写道：

> 周群妙闲算术谶说，游岷山，见一白猿……群问曰："公是何年生？"答曰："已衰迈也，忘其年月。……至颛顼时，考定日月星辰之运，尤多差异。……至大汉时，有落下闳，颇得其旨。"群服其言，更精勤算术。乃考校年历之运，验以图纬……蜀人谓之"后圣"……

吕子方教授分析说：以上文献记载说明，周舒曾学于杨厚，名亚于董扶、任安。杨厚是当时的图谶大师，还兼搞天文。周舒也是这样，除搞图谶之外，又兼搞天文。张裕是搞占验的，很有天赋。周群则继承父业，特别精于气候上的占验，夜以继日地进行观察，他是占星术中的望气家。王嘉说周群还精于算术，可见他除讲望云气之外还勤于推步，只不过是偏于谶纬，蜀人称之为"后圣"。"前圣"则是落下闳。由此看来，周群的推步，是由落下闳运算转历而来的。

从落下闳以来，在中国天文学的发展历史中，做出突出贡献的四川出生的天文学家还有如下几位：

在《中国大百科全书·天文学》（1980年）中，单列条目的中国天文学家选出了42位。四川出生的天文学家有三位：落下闳、梁令瓒、李珩。

2008年，由中国科学技术出版社出版的"中国天文学史大系"之中的一本专著：《中国古代天文学家》，一共选出了58位天文学家，四川出生的天文学家有三位：扬雄、梁令瓒、秦九韶。

在现代天文学家之中，李珩（1898—1989年），四川成都人，著名天文学家，历任山东大学教授、华西大学教授兼理学院院长、四川大学教授兼物理系主任、昆明凤凰山天文台和南京紫金山天文台研究员等。20世纪50年代起出任中国科学院上海天文台台长、中国天文学会副理事长和上海分会理事长。

李珩长期从事教学和天文学研究工作，曾主编《宇宙》《天文学报》，著有《造文变星统计研究》《红巨星的模型》《五个银河星团的照相研究》《天文简史》《宇宙体系论》《理论力学纲要》《人造卫星》等。李珩著译都很丰富，有译著《普通天体物理学》《宇宙体系论》《大众天文学》《天文学简史》等。

第七章

创新卓越，影响深远

李约瑟《中国科学技术史》英文版，第Ⅲ卷，第459
页上有一张表——"东西方天文学发展对照表"。仅在这
一页的表上，就有三处直接同落下闳有关，落下闳是此表
上唯一一位这样突出的天文学家。

此外，中外不少学者都对落下闳做了研究，并对其
成就和影响予以充分肯定。

李约瑟《中国科学技术史》英文版，第Ⅲ卷，第459页上有一张表——"东西方天文学发展对照表"。仅在这一页的表上，就有三处直接同落下闳有关，落下闳是此表上唯一一位这样突出的天文学家。这三处是：

　　1. "公元前104年，颁行的历法一百种的第一种。"这是指落下闳直接参与制定的《太初历》，其基本内容完整地记录于《汉书·律历志》中，即《三统历》。

　　2. "浑仪　公元前104年落下闳；公元125年张衡及其后来的数世纪中的许多天文学家。"这是指落下闳研制了浑仪，并说明张衡等天文学家是在落下闳研制的基础上进行改进的。

　　3. "盖天说，宣夜说，浑天说。"落下闳研制浑仪和浑象，这些仪器，既是"浑天说"的物化，又为"浑天说"的发展提供了模型。落下闳是"浑天说"最早的代表人物。

外国学者，认真钻研

李约瑟博士称赞

李约瑟在《中国古代和中世纪的天文学》一文指出："在中国文化中，天极—赤道坐标的出现是很早的。""现代天文学所采用的显然是中国式。"并且他画出了"三种天球坐标系统。（a）中国式也是现代赤道坐标系统；（b）阿拉伯地平坐标系统；（c）希腊黄道坐标系统"（潘吉星主编：《李约瑟文集》，辽宁科学技术出版社，1986年，第480—482页）。从科学史知道，应用中国式也就是赤道坐标系统，直接测量二十八宿赤经差的科学家，第一位就是落下闳，他在世界科学史上的创新地位是明确的。

李约瑟在《中国科学技术史》的天文学卷的"结语"中写道："中国对于天文学发展所做出的贡献是值得注意的。"

接着在注释中引用1685年李明的论断："我们必须承认，世界上再没有其他人民像中国人那样热衷于天文学了。这门科学给他们留下了大量的观测记录；虽然人们要得到它们的全部好处，必须知道一些细节，而笼统叙述的史书并未提供这样的细节，但后人并不是不能利用它们的。现在我们有四百多项观测记录，包括交食、彗星、五星会合等。这些记录使中国人的年代学精确起来，从而也可以使我们的年代学臻于完善。"

李约瑟在"结语"中简短地论述了中国对于天文学的发展所做出的七点贡献：

（1）中国人完成了一种有天极的赤道坐标系，它虽然和希腊的一样合乎逻辑，但却显然有所不同；（2）中国人提出了一种早期的无限宇宙概念，认为恒星是浮在空虚无物的空间中的实体；（3）中国人发展了数值化天文学和星表，比其他任何具有可与之媲美的著作的古代文明早两个世纪；（4）中国人把赤道坐标（本质上即近代赤道坐标）用于星表，并坚持使用两千年之久；（5）中国人制成的天文仪器一件比一件复杂，以13世纪发明的一种赤道装置（类似"改造的"黄赤道转换仪或"拆开的"浑仪）为最高峰；（6）中国人发明了望远镜的前身——带窥管的转仪钟和一系列巧妙的天文仪器辅助机件；（7）中国人连续准确地记录交食、新星、彗星、太阳黑子等天文观象，持续时间较任何其他文明古国都来得长。（李约瑟：《中国科学技术史》第四卷，天学，第二分册，科学出版社，1975年，第695—696页）。

从李约瑟的上述"结语"中，我们可以得知：落下闳是最先自制浑天仪，采用"天极的赤道坐标系"的人。中国人把赤道坐标（本质上即近代赤道坐标）用于星表，并坚持使用两千年之久，这一突出贡献的首创者是落下闳。

落下闳在测定二十八宿时，解决了恒星与太阳的相对位置；测量时集中于永远不升不没的极星和拱极星，使用赤道式浑仪是和子午线（通过极星和观察者的天顶的天球大圆）的概念密切结合起来的。测量二十八宿，落下闳测定了这些拱极星的"上中天"和"下中天"，所用的方法就是从可见天体的位置来推断不可见天体的位置。道理很明显，要同时进行太阳和其他恒星相对位置的观测，这是不可能的。只能通过测量半夜子时拱极星的"上中天"位置，来推知太阳位于的"下中天"星宿的位置，这种方法称为"冲日法"。

从观测太阳升起和落下之时，接近太阳的是什么恒星来得知天象，这种方法称为"偕日法"。古埃及人和古希腊人就是采用这种方法观察恒星偕日出和偕日没，也就是观测黄道附近的恒星在"日出之前"和"日落之后"的瞬间的出没。从哪一颗恒星偕日出或者偕日没，他们可以确定当时是哪个季节，相差不会超过几天。古埃及人就是通过对天狼星偕日出的观测，来预测尼罗河水的大泛滥。"偕日法"的天文观测方法，由于地平线上的云雾和其他大气现象干扰，很难准确确定时间。

落下闳创制赤道式浑仪，并采用"冲日法"来测定二十八宿的赤经差，精确到"度"（数学上一个圆周是360度，天文学上一个圆周是365度或366度），从而确定太阳位于二十八宿的哪个星宿的位置。这种天文观测方法科学且精度较高。隐藏在其后面的宇宙学概念，就是"浑天说"的宇宙图像，而不可能是"盖天说"的宇宙图像。故李约瑟写道："据史籍记载，'浑天说'最早的代表人物是西汉的落下闳（公元前140—前104年左右著称）。"

日本学者的评价

日本近代学者新城新藏在《中国上古天文》一书中写道："《太初历》之八十一分法，其实采用数值，几同四分历法，盖其相差仅为日之零数，更因以分数表示此零数，考虑及交点月之周期，故于理论上极为优良之历法。"即对于《太初历》中引入实测的日食周期为135个月，给予了高度评价，认为"理论上极为优良"。在实用上，这为预测日食提供了科学根据。这在中国天文学史上是第一次明确地测算出日食周期为135个月。根据历法可对日食进行预测，同时，根据已发生的日食，又可对历法上的"朔望"进行调整。这是了不起的进步。

日本学者薮内清在《中国科学的传统与特色》这一专著中写道（［日］薮内清：《中国科学的传统与特色》，原载《中国的科学》，东京：中央公论社，1975，第44—45页）：

太初元年的改正朔，不仅止于岁首的变更，进而便全面改正历法。从公元前4世纪中叶起，据推定就是实行"四分历"的历法，这是把1年当作$365\frac{1}{4}$日，可以说是很完善的历法，但是由于长年使用的结果，以致天象和历的差距越来越大。再加上由于受命改制观念的影响，于是"四分历错误，应采用其他新的历法"的意见乃应运而生……

据推断，亲身参加太初改历的司马迁提案，仅改历元，应采用传统的四分历，或许由于暂时采用了四分历，结果就把这种四分历视为太初改历时的汉历，并且收录在自己的著作《史记》中。然而到后来才知道，太初改历所采用的历法，实际上并非传统的四分历……

在经过以上的讨论之后……其结果是采用邓平所制定的八十一分法，于是就以国家历法而正式颁布实行。

日本当代年轻的学者成家彻郎，2001年在中文期刊《数学史研究》第七辑（李迪主编，内蒙古大学出版社、九章出版社，2001年）发表的论文《太初改历与〈三统历〉》中，以简单的数据，表明了《四分历》（《颛顼历》）与《太初历》（《三统历》）的明显不同。他表述的内容如下：

I . 《三统历》（《太初历》）

135月（3×3×3×5） 食周期

235月（5×47）（＝19年） 1章（冬至回归到同一月日的周期）

6345月（513年） 135和235的最小公倍数。食发生在同一月日的周期。

6345＝3×3×3×5×47（月）

513＝3×3×3×19（年）

$29\frac{43}{81}$ 1朔望月的日数

$365\frac{385}{1539}$（$29\frac{43}{81}\times235\div19$）　1太阳年的日数

在上式中为尾数消失需要的年数

$1539=513\times3=3^4\times19$（年）

换算月数如下式

$1539\div19\times235=19035=6345\times3=3^4\times5\times47$（月）

$81\times235=19035$（月）　食发生在同一月日、同一时刻的周期。

Ⅱ.《四分历》(《颛顼历》)

$365\frac{1}{4}$　1太阳年的日数

$29\frac{499}{940}$（$365\frac{1}{4}\times19\div235$）　1朔望月的日数

$940=2\times2\times5\times47$

$19\times4=76$（年）$=365\frac{1}{4}\times76=27759$（日）　冬至回归到同一月日、同一时刻的周期。

$76\times20=1520$（年）$=555180$（日）　日干支回归到同一月日的周期。

这种历法并不考虑食周期。

成家彻郎在《太初改历与〈三统历〉》中写道：

最早用连分数分析阐明《律历志》中关于《三统历》诸数值者一定是吕子方。我的研究基本上也是在他的卓越的发现之上而进行的。但是，他对$\frac{43}{81}$的由来所做的说明还不太适当，我将利用自己的方法来加以说明。

他认为提出八十一分法的人，不是落下闳，而是刘歆。从《史记》《汉书》的原始记载看，是落下闳、邓平最先提出八十一分法。成家彻郎的结论是："最早用连分数分析阐明《律历志》中关于《三统历》诸数值者一定是吕子方。"

川大教授，全面深探

吕子方教授研究落下闳

　　四川大学原物理系教授吕子方，四川巴县人。1914年东渡日本，考入东京高等工业学校。1918年前往英国，考入里茨大学，继续研习数学、物理、天文。1923年归国后，即全力从事科学教育工作，先后在厦门大学等多所大学任教。中华人民共和国成立后，在北京工业学院工作两年，即调四川大学任物理系教授。在四川大学任教的12年之中，吕子方教授潜心研究中国科技史，写下50多万字的研究成果，其主要内容大多数与"巴蜀科技史"有关。吕子方教授与四川大学的学术传统密切相关。他的一些研究成果，当时就得到四川大学历史系蒙文通教授（1894—1968年）的肯定和引用。

　　在现代，对落下闳研究贡献最大的学者，当首推四川大学物理系教授吕子方（1895—1964年）。他在《中国科学技术史论文集》中，就有六篇论文直接与研究落下闳有关。其一，《〈三统历〉历意及其数源》，此文系统完整地解释了落下闳等人制定的《太初历》；其二，《天数在蜀》，论述了巴蜀25位天文学家，落下闳之前有苌弘，落下闳之后有扬雄等，并十分系统地论述了落下闳的贡献；其三，《落下闳并非黄门老工考》，等等。

吕子方教授的研究认为："落下闳在地中转动的当然是浑象，这就是我们现在所称的天球仪，这种仪器是拿来做示范的。""如果说这是一种实测天的仪器，就应当摆在地面上去，为什么却反而摆在地下呢？""因此，我认为浑象也是落下闳造的，只是后来张衡又加以改进罢了。"（《中国科学技术史论文集》上册，第240—241页）

《中国科学技术史论文集》中有一篇论文《天数在蜀》。该论文指出，巴蜀的天文学是学有渊源的，又有广泛的基础，因此这里成为天文学人才荟萃的地区，天文学者像灿烂的群星，从周朝的苌弘起，历代都一批批地涌现出来。这些学有专长的天文学家，在我国天文发展史上，都做出过不同的贡献，这些都有文献可考。吕子方教授列出了25位有较大影响的天文学家。其中第一位是苌弘，成果最突出的是汉代的天文学家落下闳。

教授院士，纷纷点赞

何鲁（1894—1973年），四川广安人，我国著名的数学教育家。

何鲁幼颖悟，有神童之称。全家倾产送其出川求学。在沪曾师从复旦大学已故校长李登辉先生学英语，后上北京进清华留美预备学校，因参加闹学潮被校长颜惠卿开除。旋得留法公费，率其弟朱广儒（后为法语教授）、朱广湘（后获巴黎大学医学院国家博士，回国后为北京名医）和朱广才（中国第一个毕业于法国多艺学院者）三人去法留学。当时，中国留学生取得科学硕士学位极难，他是第一个获得该项学位的中国人。他一贯鼓励学者要有创新，他曾为吕子方教授的《〈三统历〉历意及其数源》作序，肯定吕子方的研究。何鲁著有《二次方程详论》《虚数详论》《行列式详论》等，其文笔简练，论证严谨，对当时中国数学教育的发展起了很大影响。

吕子方对于落下闳的研究成果，推迟了30年才正式出版发表。

1978年11月，由原四川省委书记杨超同志倡议，在中国科学院李昌副院长的大力支持下成立了"中国科学院成都分院自然辩证法研究室"。自然辩证法研究室的第一项研究任务，就是整理四川大学物理学教授吕子方的遗稿，出版《中国科学技术史论文集》（上、下两册，四川人民出版社于1983、1984年出版）。1981还召开了全国范围的"吕子方教授中国古代科技史遗著学术讨论会"。

何鲁教授称吕子方"能明古人之用心，使二千年前之成绩，焕然一新，厥功甚伟"。英国科学家李约瑟评价吕子方是"对中国科技史研究有真知灼见的学者"。香港的《明报》以"李约瑟之外"为标题，报道吕子方《中国科学技术史论文集》的出版。美国加州大学圣迭戈分校（UCSD）物理系终身教授程贞一先生，写信给该校的访问学者查有梁，要求带给他吕子方的《中国科学技术史论文集》（上、下册），并在他的专著中引用。

在吕子方《中国科学技术史论文集》（上、下册）研究的基础上，方才开始有巴蜀科技史的研究和专著出版，包括：四川省文史研究馆的冯汉镛等撰写的《巴蜀科技史研究》，四川大学出版社，1995年；鲁子健著《巴蜀天数》，巴蜀书社，2005年；查有梁著《世界杰出天文学家落下闳》，四川辞书出版社，2001年第一版。吕子方教授是在中国科技史大背景下，研究巴蜀科技史的第一人。

我在参与整理吕子方教授的《中国科学技术史论文集》之后，才开始系统研究落下闳对天文历法的贡献。1982年，我在"中国物理学会第三届代表大会"上，做了关于论文《中国古代物理中的系统观测和逻辑体系及对现代物理的启发》的报告。这篇论文得到学术界的重视，得到钱学森院士的肯定。

1984年，经有关学者的推荐，我收到了第17届国际科学史大会的第一轮参会通知。我在《中国古代物理中的系统观测和逻辑体系及对现代物理的启发》的基础上，用英语撰写了一篇论文《落下闳系统与托勒密系统的比较》。我的英语写作能力很有限，所以写得非常艰苦，但总算挺过去了。我担心大会审查论文的专家不接受我的新观点，于是，又用英语写了另一篇论文《缀术求 π 新解》，同时将两篇论文寄交大会。这两篇论文有一定的内在联系。在这两篇论文的基础上，我完成了《世界杰出天文学家落下闳》一书。

西方和中国都有不少学者认为：中国古代没有系统观测和逻辑体系，所以，在中国不可能产生近代科学。我的研究以一个具体的实例，说明中国古代科学中有自己的系统观测和逻辑体系，因而，中国古代科学是可以通向近代科学的。这只是机遇与时间的问题。我们应当从现代科学的视角，重新研究和审视中国古代的科学。我以一种全新的、独特的观点，回答了所谓的"李约瑟问题"："为什么近代科学没有在中国产生？"

正如古代希腊的科学可以通向近代科学一样，古代中国的科学也是可以通向近代科学的。不能认为只有古代希腊的科学可以通向近代科学，而古代中国的科学不可能通向近代科学。这种看法，得不到科学史的支持，这当然需要中国的学者更加深入地研究中国古代的科学。我们需要独立思考、独立钻研、有所发现、有所创新。我们不能只是步西方学者研究的后尘。西方学者因为语言以及文化等多方面的原因，不可能非常深入地理解中国的科学史和中国古代科学家的思维方式与表达方式。在科学史的研究上，同样要坚持"百家争鸣"。

1985年，我参加了在美国加利福尼亚召开的"第17届国际科学史大会"。这一次国际的学术交流，对提高我的学术水平促进很大。我开了眼界，见了世面，在科学史的研究上，上了一个台阶，大大地提高了自己的学术自信心。会后，我收到一些国外学者的来函，希望得到我的这两篇论文。这两篇论文的特点都是"跨学科、跨文化"，都是充分应用了系统科学的方法。论文对中国文化与西方文化进行了有深度的比较，涉及天文学、数学、物理学、哲学、美学等学科。通过直接用英语撰写这两篇论文，大大促进了我应用英语的能力，但是，我付出了较大的"机会成本"。

1988年8月，"第五届国际中国科学史会议"在美国加州大学圣迭戈分校召开。会务组给我发来邀请，并给予全额资助。我提交了论文《中国古代的五大理论》。论文列举了中国古代的五大理论，并论述了这些理论对现代科学发展的意义。这个论题太大，我一直想写成一本大的专著，至今尚未完成。台湾大学的一位资深教授问我："为什么在《中国古代的五大理论》中，没有包括《周易》？"我坦诚地告诉他，对于《周易》，我缺乏研究。从美国回来后，我较认真地钻研了《周易》，有了很大的收获。《周易》是一本研究"变化"的深刻理论，《周易》提出了64个预测的可能模式。我至今仍在研究之中。学术交流的好处是能够在较短的时间里，得到较大的启发。

我第一次参加国际学术大会的两篇论文，都与四川出生的两位杰出人才有关。一位是西汉时代的天文学家落下闳（约前156—约前87年），生于四川阆中；一位是南宋时代的数学家秦九韶（约1208—约1261年），生于四川安岳。我从科学史和人才学的综合观点，全面研究了落下闳和秦九韶，写成两本书：《世界杰出天文学家落下闳》（四川辞书出版社，2001年）、《杰出数学家秦九韶》（科学出版社，2003年）。我有一个学术梦想：要以我们的研究，让四川出生的科学家落下闳、秦九韶像四川出生的文豪李白、苏轼一样也名扬全球。中国人在文学方面的成就有世界地位，在科学方面的成就也应当得到世界公认。

1987年，我参加了在北京师范大学召开的"秦九韶《数书九章》成书七百四十周年纪念暨学术研讨国际会议"，我做了《论秦九韶的"缀术推星"》的报告，应用系统的"跨学科、跨文化"方法，较全面地研究了秦九韶。

2003年出版《杰出数学家秦九韶》一书之后，吴文俊院士于2003年10月14日给我来信，写道：

> 我还没有完全拜读尊著，目前只拜读了前一部分，但已感到受益匪浅。以前读秦九韶序时，只觉得格塞难明，现在拜读白话译文，则一目了然。此外如关于学习与创新的许多创见，以及《数书九章》的条目简介，都使我得益不少。此书必将成为被广为阅读与征引的读物。

这给我很大的鼓励。吴文俊院士信中提到的秦九韶的《数书九章·序》，我花费了相当大的功夫，持续了三个月的集中研究，才将这篇《序》译为白话文，包括最后的九首四言古诗。功夫不负有心人。

上述两本专著的发表，都是持续进行了十年潜心研究的结果。论文发表不多，但层次较高；著作的篇幅不长，但影响较大。参加国际学术交流，对于研究水平的提升，起了很大的作用。这得益于四川省社会科学院有很好的学术研究环境，给了研究人员高度的学术自由。

有学术自由才可能有学术创新，有学术交流才可能有学术创新，有学术竞争才可能有学术创新。1991年，我得到"韩素音中国／西方科学家交流基金会"的资助，于1992—1993年应邀到美国哈佛大学科学史系、教育研究生院，以及美国加州大学圣迭戈分校物理系做为期一年的高级访问学者，在这之后，我又有了更多的、更新的研究成果。

2006年6月19日，我在"阆中·落下闳·天文学术研讨暨中国天文学会第六届张衡学术讨论会"上，做了大会报告：《落下闳的贡献对张衡的影响》。报告之后，中国天文学会理事长苏定强院士评价道："报告很有意义，使我对落下闳的贡献有了更深入的认识。"他对我说："你写的那本书，内容很丰富。天文学、数学、物理学、文化等，涉及很广，且有深度，很有启发。"

论文《落下闳的贡献对张衡的影响》发表在《广西民族大学学报》2007年，第3期。

我从1978年开始研究中国科学史，至今已有30年的光阴。中国有五千多年的文明史。我们已经了解的科学史的知识，比起还没有了解的知识，可以说"少得很"。例如，3000多年前，在巴蜀大地上产生的"三星堆文明""金沙文明"，至今有许多"不解之谜"。中国的学者需要几代、几十代人的持续努力，才可以搞清我们祖先的伟大贡献，并在继承的基础上持续发展，中国的科学技术才有可能真正走到世界的前沿。

评价俱增，代代攀高

贡献巨大，创新突出

在中国天文学家之中，落下闳的贡献和创新十分突出，概括起来有以下六点：

1. 落下闳是"浑天说"的创始人之一，经他改进的赤道式浑仪，在中国用了两千多年。落下闳制造的浑仪和浑象在测天学上起了推动作用，将天文观测与宇宙理论融为一体。

2. 落下闳测定的二十八宿赤道距度（赤经差），一直用到唐开元十三年（725年），才由一行重新测过。他奠定了测二十八宿的基础。

3. 落下闳第一次提出交食周期，以135个月为"朔望之会"，即认为11年应发生23次日食。

4. 落下闳参与制定的《太初历》是一个比较完整系统的、初具规模的历法，其采用的八十一分法是结合日食周期的、在理论上极为优良的方法。

5. 在"浑天说"和测定二十八宿的基础之上，将二十四节气纳入中国历法的体系之中，将农学、天文、数学、气象融合为一体。

6. 发明"通其率"算法，用辗转相除法求渐近分数，为历法计算提供了有力的工具。这与代数学中连分数计算的程序是一样的。

总之，从多方面看，落下闳的创新就是十分突出的，对天文学、数学、农学、气象学的贡献是非常卓越的。落下闳上述的创新和贡献，一直影响到现代，并将继续影响将来，所以说落下闳创新突出，影响深远，贡献巨大。

　　2005年，经过国际天文学界的认同，国际永久编号为16757号的小行星被命名为"落下闳星"。

"落下闳系统"与"托勒密系统"

　　意大利天文学家和物理学家伽利略（Galileo Galilei，1564—1642年）于1624年开始写作《关于托勒密和哥白尼两大世界体系的对话》，1632年方才出版，历经八年。第一本中文翻译本于1974年出版，较新的版本是北京大学出版社2006年版。这是一部认识和理解西方天文学发展的重要经典著作。

　　托勒密（Claudius Ptolemy，约90—168年），提出了"地球中心说"的几何体系（可称为"托勒密系统"或"托勒密体系"），成为古代希腊天文学集大成者。他的一本巨著书名就是《天文学大成》。伽利略的《关于托勒密和哥白尼两大世界体系的对话》曾给我留下深刻的印象。我们中国有没有与此"体系"类似的"体系"呢？在学习和研究了落下闳的天文历算学之后，我豁然开朗。

　　比托勒密早约200年的中国西汉时代的天文学家落下闳，他研制的浑天仪、创立的"浑天说"和制定《太初历》中的运算，提出了一个基于地球赤道坐标的"天文历算的数学体系"，可称为"落下闳系统"或"落下闳体系"，其天文观察之精密，其逻辑体系之完整，堪称古代中国天文学集大成者。横向与当时世界各国比较，落下闳的成就仍是非常杰出的。

　　"落下闳系统"（Lohsia Hung's System），简称L系统；"托勒密系统"（Ptolemy's System），简称T系统。将两者进行比较，可以明显地看出古代中国的天文学与古代希腊的天文学的异同。《落下闳系统与托勒密系统的比较》，这一项研究成果最早于1985年，在美国加利福尼亚大学伯克利分校召开的"第17届国际科学史大会"上由我用英语宣读，可以参见我的《世界杰出天文学家落下闳》（2001年）一书的英语附录。

两大系统的异同之一

首先，L系统与T系统都是以地球为中心的系统，这是相同的，但是L与T所采用的坐标系是不同的。L采用的是赤道坐标系，T采用的是黄道坐标系。由于落下闳选择的是赤道坐标系，这一坐标系不可能将日、月、五星（水星、金星、火星、木星、土星）描述在二维的平面内，只能是三维的；托勒密选择的是黄道坐标系，所以，这一坐标系能近似地将日、月、五星描述在一个二维的平面内。从天文观测的实践可知，同时对太阳和其他恒星进行观测是不可能的，于是就有冲日法和偕日法两种方法选择。L系统采用赤道坐标系，北极星和子午线是重要的背景，选择冲日法，而不是偕日法；T系统采用黄道坐标系，以黄道附近恒星在日出前或日没后的位置为重要背景，选择偕日法，而不是冲日法。

在现代，世界各国采用的是赤道坐标系。在欧洲，从第谷开始才抛弃黄道坐标系。李约瑟曾指出："中国人坚持使用后来通行世界的赤道坐标系，因而我们不能不思考一下，究竟是哪些影响促使第谷抛弃那种作为希腊—阿拉伯—欧洲天文学的特点的黄道坐标系。"从理论上讲，赤道坐标系与黄道坐标系是等价的，两个坐标系之间可以转化。但是，从天文观测的实际看，赤道坐标系优越于黄道坐标系。L系统的赤道坐标是以时间作为计量的，是平均的和周日的；T系统的黄道坐标系是以角度作为计量的，是真实的和周年的。

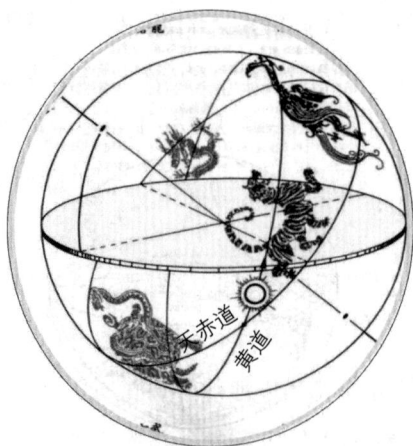

赤道黄道示意图

　　我们不能因当今世界都采用赤道坐标系，而全盘否定托勒密的黄道坐标系。事实上，正因为托勒密采用了黄道坐标系，才可能建构古希腊天文学的几何结构。因为，在黄道坐标中，日、月、五星近似地在一平面内，便于简化为本轮—均轮系统。这也就不难理解，"落下闳系统"为什么不是一个几何结构，而是一个代数结构。因为在赤道坐标系中，日、月、五星的运行轨道很复杂，只能观察和计算它们的各种会合周期。将L系统与T系统相比较，可以得知L系统是深刻的、代数的，T系统是简明的、几何的。

两大系统的异同之二

　　落下闳与托勒密都研制了天文观测仪，对天体运行进行实际观测。

　　落下闳研制了浑仪和浑象，托勒密也研制了浑仪和天球仪。由于落下闳采用的是赤道坐标式的浑仪，而托勒密采用的是黄道坐标式的浑仪，因而，L系统中的浑仪和T系统中的浑仪是有明显差异的。

第谷指出，是一个"技术上的原因"使他宁愿选用赤道浑仪。这一转变的原因尚需多方面的研究。落下闳与托勒密研制浑仪，实际上是制作了一个天体运行的物理模型，在理论上必有建树。落下闳创立"浑天说"，而托勒密则完善了"地心说"，在天文学上，都做出了重大贡献。

两大系统的异同之三

L系统和T系统都建立了一个较完整的定量系统。

L系统中应用时间作为单位，并人为规定了"六十甲子系统"，即以60天、60年作为时间计量单位；T系统中应用角度作为单位，采用60进位系统。

L系统发展了连分数—渐近分数的近似分数计算法，强调天体运行的各种周期的观测与推算，较为抽象，建立了天体运行的代数结构。

T系统发展了三角计算、球面几何、数学表等数学方法，强调天体运行的各种轨道（本轮、均轮）及组合，较为直观，建立了天体运行的几何结构。

从美学上看，L系统力求使各种周期和谐起来，取最小公倍数，计算出宇宙大周期——"太极上元"，具有"代数美"；T系统力求使各本轮—均轮协调起来，形成简明的几何模型，具有"几何美"。从数学方法看，L系统的计算方法较抽象，难掌握，但较深刻；T系统的计算方法较直观，易掌握，容易传播。

两大系统的异同之四

L系统充分继承了前人的成就并加以完善和改进，包括了二十四节气系统和二十八宿的恒星系统，把天文、历法、气象、农业有机结合起来，对社会经济、文化的发展起了持续而重大的影响；T系统中也制作了"恒星表"，在黄经黄纬上定了48个星座，为历法作依据，也有一些有关气象的说明，但没有L系统的二十四节气系统那样完善。从天文学、物理学的发展看，T系统产生了十分重大的影响。

两大系统的异同之五

L系统深受中国道家和自然主义思想的影响，重视整体综合，建立的系统是多体的周期系统。落下闳还明确认识到他所建立的系统是"近似的"，而不是"确定的"，认为把各种周期化为整数才完美。这些思想方法，较为接近量子力学的方法。T系统深受柏拉图和亚里士多德的影响，重视部分分析，是建立的"二体"的组合系统，认为用天体的轨道组成系统才完美。这些思想方法，较为接近牛顿力学的方法。

两大系统的异同比较表

我们可以将上述对L系统和T系统的比较，列成一张清单加以对比说明。

"落下闳系统"（L）	"托勒密系统"（T）
L1　采用赤道坐标； 　　以地球为中心的系统； 　　北极星是一个基准； 　　应用冲日法。	T1　采用黄道坐标； 　　以地球为中心的系统； 　　恒星的偕日出没是基准； 　　应用偕日法。
L2　制造浑仪和浑象，创立"浑天说"。	T2　制造浑仪和天球仪，完善"地心说"。
L3　应用时间作单位（六十甲子系统），发展了连分数—渐近分数等分数计量法； 　　强调周期的数值，建立了天体运行的代数结构，力求使各周期和谐，具有"代数美"； 　　计算宇宙的大周期——"太极上元"。	T3　应用角度作单位（60进位系统），发展了球面几何、三角计算、数学表等方法； 　　强调轨道的大小，建立了天体运行的几何结构，力求使几何模型简单，具有"几何美"。

"落下闳系统"（L）	"托勒密系统"（T）
L4　包括了二十四节气、二十八宿，把天文、历法、气象、农业有机地结合起来。	T4　制作恒星表，在黄经黄纬上定了48个星座； 　　为历法作依据，有关于气象的说明。
L5　受道家和自然主义的影响，重视整体综合，是多体的周期系统； 　　明确认识到所建立的系统是近似的，认为把各种周期化为整数是完美的。	T5　受柏拉图和亚里士多德的影响，重视部分分析，是二体的组合系统； 　　认为用球和圆形轨道组成的系统是完美的。

从清单中的比较可以看到，无论从哪一方面看，"落下闳系统"绝不比"托勒密系统"逊色。两个系统各有特点，都很出色。落下闳比托勒密早200多年就制定出如此精密完整的天文历算系统，这是很值得深入研究的。从天文、历法、农业、气象、数学、仪器、观测、哲学、美学等多方面看，"落下闳系统"与"托勒密系统"在科学史上的意义，都是不容否定的。

第八章

千年之后，大放光彩

　　"落下闳系统"超越了牛顿力学的"只有二体问题才有确定的解"！牛顿力学中三体问题，得不出确定的解，只具有随机性的解。"落下闳系统"却在"浑天说"的基础上，给出了多体问题的周期解。虽然"落下闳系统"不能导致建立牛顿力学，但是，不能说就不能发展到现代科学。

　　"落下闳系统"同样可以启发科学史的不同观念的发展。例如，时间—空间融合的物理观念，探索多体—周期系统的概率解的数学算法。因此，我们明确地说：中国古代有科学，中国古代的科学成就能够通向现代科学。

《太初历》（汉历）是"道法自然，三生万物"的复杂系统。二十四节气是黄道系统（太阳视运动），二十八宿是赤道系统（地球的自转），月相变化是白道系统（月球的运行）。中国传统历法，将这三个系统有机融合在一起。虽然是"三体系统"，但是，在几千万年内，其周期解是基本稳定的。除此之外，还进一步得到包括五星的会合周期"八大系统"的总周期解（"太极上元"）。《太初历》不强调日、月、五星的运动轨道，只给出多体—周期解。

　　在《太初历》中，落下闳推算出"上元积年"（年、月、日与甲子周期的最小公倍数）为143127年，进一步推算出"太极上元"（冬至、朔旦、夜半、日月合璧、五星连珠的宇宙大周期）是23639040年。落下闳认识到这些周期解具有"近似性"，并非具有绝对的"确定性"。但是，落下闳"运算转历"却给出了一种"概率的解"。落下闳说《太初历》八百年要差一日，即表明他已经认识到《太初历》的"近似性"。

　　古中国"落下闳系统"不同于古希腊"托勒密系统"。"落下闳系统"是多体—周期的数学系统，"托勒密系统"是本轮—均轮的几何系统。"托勒密系统"经过哥白尼—开普勒系统而发展到牛顿力学，这是17世纪之后的科学发展史了。20世纪，爱因斯坦的相对论物理学，就突破了牛顿力学的"绝对时空观"；微观物理的量子力学，就突破了牛顿力学

"确定的轨道系统"。

"落下闳系统"超越了牛顿力学的"只有二体问题才有确定的解"！牛顿力学中三体问题，得不出确定的解，只具有随机性的解。"落下闳系统"却在"浑天说"的基础上，给出了多体问题的周期解。虽然"落下闳系统"不能导致建立牛顿力学，但是，不能说就不能发展到现代科学。

"落下闳系统"同样可以启发科学史的不同观念的发展。例如，时间—空间融合的物理观念，探索多体—周期系统的概率解的数学算法。这些概念都更接近20世纪以来的新物理学的概念。因此，我们明确地说：中国古代有科学，中国古代的科学成就能够通向现代科学。

中央电视，风采点赞

2013年2月，中央电视台放映的电视纪录片《我们的节日春节——中华长歌行》，选择在落下闳的出生地四川省的阆中市拍摄，并在电视节目里采访了我。在他们进行电视拍摄之前，我专门写了一份《我们的节日——春节——答中央电视台节目主持人石琼璘问》供编导和主持人参考，一问一答的内容及解释如下：

春节老人，命名来源

石琼璘：为什么人们称落下闳是"春节老人"呢？

查有梁：春节的来历与汉武帝和天文学家落下闳直接有关。

所以，人们称落下闳为"春节老人"。

秦始皇于公元前221年统一中国之后，统一了全国的历法。秦朝采用的历法规定：农历十月为新年的第一个月。公元前206年，汉高祖元年之后，也沿用秦朝的历法。秦始皇统一天下和汉高祖打下江山，都在农历十月，两位皇帝都乐于将农历十月初一定为岁首。到了汉武帝时代，秦朝的历法已经使用了一百多年，人们发现历法与天象明显不合，必须改历。

中国农历的特点是：既要包括太阳的运行，又要包括月亮和五大行星的运行，必须使历法与"天象"相吻合。白天观测日影长度，晚上观测星象位置，就可以判断历法是否与"天象"相吻合。历法要合于天象，这个原则是第一重要的。

汉武帝在全中国招募20多位天文学家到京城长安。在天文学家们制定的18种历法之中，巴郡阆中（今四川阆中）的天文学家落下闳制定的历法最好，最符合天象，被汉武帝采纳，取名为《太初历》。公元前104年，即太初元年，汉武帝颁布了《太初历》，规定"春季的第一天就是新年的第一天"。从此，中国人"迎接春天"与"迎接新年"统一起来了，过春节就是过新年。于是，春节这个民间的节日，成为法定的节日，一直沿用到现代，已经两千多年了。这是有正式文字记载的春节的来历。所以，人们尊称落下闳为"春节老人""春节先祖"，称四川阆中为"中国春节文化之乡"。

中国春节，意义深远

石琼璘：春节有什么重要意义？为什么人们非常重视春节？

查有梁：我们的春节，不仅是"人文的春节"，而且是"科学的春节"，意义深远。春节是中华文化代表性的节日，所以人们非常重视。

中国古代以农业立国，很重视二十四节气。立春这个节气的前后，正是农闲的时候，选择这个时候过春节迎新年，体现出中国人顺应天时地利，促进人和家和，预祝来年吉祥如意。这是中国人最基本的自然观：天人合一，道法自然。

《太初历》在时间上，包含二十四节气，将天文、历法、气象、农业、生产、生活紧密联系在一起，有丰富的科学内容。《太初历》在空间上，包含二十八星宿。落下闳应用他创制的浑仪，测定了这二十八星宿的位置。落下闳是"浑天说"这一宇宙图像的创始人之一。中国古代杰出科学家张衡，是在落下闳的基础之上，改进了浑天仪，发展了"浑天说"。

中国人过春节，迎新年，既热闹，又庄重，春节成为中国最隆重的传统节日。中国的春节象征团结、兴旺、吉祥、喜庆、和谐、安定、和平，是对未来寄托新希望的佳节。辞冬天迎春天，辞旧年迎新年，上拜天地，下拜祖先，孝敬长辈，慈爱子女，有多种意义，充分体现中国人珍惜生命，重视家庭，讲究礼仪，爱护亲情。

上亿的中国人在春节之前，常常奔波千里万里与家人团聚。全世界华人的春节，是世界一道亮丽的文化风景线。许多其他国家的领导人和人民也非常尊重中国人的春节，在春节期间，纷纷向华人表示祝贺。春节充分展示了中国人的思维方式、交往方式和生活方式。春节是中华文化的代表性节日。

石琼璘：《太初历》记载于我国的史书上吗？落下闳在世界科学史上的地位如何？

查有梁：《太初历》完整地记载于《史记》和《汉书》之中。天文学家落下闳与古希腊天文学家托勒密有同样重要的地位。

历史学家司马迁在《史记》中，记载了"巴落下闳运算转历"，制定《太初历》。《太初历》的全部观察数据和推算数据，完整地记载于班固撰写的《汉书》之中，一直是中国历法的楷模，影响至今，保存至今。

《汉书》中记载落下闳"观新星度、日月行，更以算推"。

就是说：落下闳研制浑仪，测定二十八个恒星星座的位置，观测日月的运行，以及木星、火星、土星、金星、水星的周期。在观测的基础上，做了大量的推算，得到一系列数据。这些数据要使天上日、月、五大行星的运行到达的位置与历法上确定的春夏秋冬四季，以及农业上的二十四节气的时间协调一致。落下闳在创制《太初历》之后预测说：经过八百年，此历就要差一天（"后八百岁，此历差一日"）。他能够计算出《太初历》的"误差"。落下闳的科学思想方法，在今天看来也相当具有先进性。

落下闳创制的《太初历》，早古希腊天文学家托勒密的《天文学大成》200多年。落下闳的天文系统与托勒密的天文系统相比较，各有特色，旗鼓相当。2004年9月，经国际天文学联合会小天体提名委员会批准，国际永久编号为16757号的小行星被命名为"落下闳星"。国际小行星联合会的文件写道："落下闳（140BC—87BC）是中国西汉著名民间天文学家。他利用自制的天文仪器长期观测星象，并藉此创制出中国历史上有文字可考的第一部优良历法——《太初历》；他还是'浑天说'的创始人之一，经他改进的赤道式浑仪，在中国用了2000年。"

落下闳的科学创新是多方面的，他是世界杰出的天文学家之一。

天时地利，人才涌现

> 石琼璘：为什么巴蜀大地会出现落下闳这样的天文学家？
>
> 查有梁：李冰治水、文翁兴学是巴蜀出现落下闳这样的科学家的社会原因。

公元前256年，李冰主持修建都江堰水利工程。司马迁在《史记》中，称赞都江堰水利工程使得"水旱从人，不知饥馑，时无荒年，天下谓之天府也"。李冰治水，使巴蜀大地的农业文明得以又好又快地发展，为文翁兴学创造了物质条件。都江堰水利工程成为可持续发展的经典系统工程，造福人类已经两千多年，现在能够自流灌溉一千万亩土地，列入世界文化遗产名录。

公元前143年，蜀郡太守文翁在成都首创中国地方政府兴办的第一所公立学校"石室精舍"，一直延续到如今的成都石室中学，持续办学两千多年。汉景帝和汉武帝要求全国地方官员向文翁学习，从巴蜀大地到全国各地都兴办起公立学校。巴蜀大地教育发达，科学兴旺，人才辈出，才会出现落下闳这样的杰出天文学家。班固在《汉书》中写道："至今巴蜀好文雅，文翁之化也。"

公元前104年，《太初历》颁发之后，汉武帝要聘落下闳担任侍中，即顾问。落下闳"辞而未受"，回到老家阆中。回故乡之后，落下闳为阆中影响和培养了不少天文学家。阆中和成都齐名，成为巴、蜀的两大文化中心。历代不少文学家都来到阆中观光，如杜甫、司马光、陆游、苏轼等。唐代杰出的天文学家和数学家李淳风，也慕名来到阆中定居。阆中的春节文化，两千多年以来一直令世人瞩目，影响深远。

李冰治水，文翁兴学，落下闳历算，三者一脉相承。

春节老人，人人喜欢

迎接新年，迎接春天

中国春节的内容太丰富了，能用简单几句话来表述吗？
我用一首短诗《春节》来表达：

春　节

小寒大寒，结束了冬天

立春雨水，迎来了新年

万物苏醒，睁开了大眼

美丽世界，充满了诗篇

上敬天地，下拜祖先

天人合一，顺应自然

农闲时间，欢天喜地

祈求吉祥如意的来年

全球亿万华人，家家团聚

一道世界文明壮丽的风景线

从汉武帝颁发《太初历》
春节过新年已经历二千多年

创制《太初历》的天文学家
他是巴蜀阆中出生的落下闳
他修正了秦始皇统一的历法
将十月初一过新年完全改变

从正月初一到十五，过年
迎接新年，就是迎接春天
中国人活得很闹热又坦然
鞭炮啪啪啪惊动太空神仙

中国的农历，真的不简单
二十四节气，是告知时间
二十八星宿，是显示空间
时空合在一起，乾坤旋转

2012年12月28日作于四川阆中观星楼

《太初历》历元的巧合

落下闳制定《太初历》，汉武帝在太初元年颁布，十一月初一是甲子日，又是冬至，日月与岁星（木星）在同一星座里，确定为《太初历》的历元。那一天，在欧洲，也是冬至到来之日，按照西方的历法（《儒略历》），正是公元前105年的12月25日（王笑冬推算）。

这是巧合，也不是巧合。东西方的人都认为，冬至那天非常重要。无论是观测天象，还是在地面正午测量日影的长度，从而确定冬至的时刻，相对来说都是比较准确的，误差不至于太大。冬至象征着生命即将开始。"冬天来了，春天还会远吗？"

105年之后，12月25日，耶稣基督降生耶路撒冷。这一年，成为公元元年。这一天，曾是《太初历》的历元。西方的圣诞节与西汉《太初历》的历元都选择了这一天，冬至这个节气的重要性由此可以看出，这不是偶然。

公历的12月25日，原是罗马人纪念波斯太阳神（即光明之神）密特拉（Mithras）诞生的节日，是罗马最大的节日。这一天又是罗马历书的冬至节，崇拜太阳神的古罗马人都把这一天当作春天到来的希望，万物复苏的开始。而当罗马人普遍性接受耶稣作为救主以后，他们便把自己认为最隆重的节日献给了上帝。以前是纪念和敬拜偶像太阳神，现在转而敬拜上帝，便成为理所当然的选择。

圣诞节是西方最隆重的节日，春节是中国人最盛大的节日。西方许多国家有关于圣诞节、圣诞老人的多种故事；中国人民的春节，各地也有不同的民间风俗，阆中人选择落下闳作为"春节老人"，给人们深刻印象，很快就传播到中华大地，以及世界各地。

落下闳是提出"浑天说"、制定《太初历》的科学家。他在《太初历》中将中国人"迎接新年"与"迎接春天"统一起来，这段时间又是农闲时间，春节是道法自然。天时、地利、人和，皆大欢喜。"春节老人"是"智慧老人""创新老人"，意义非凡啊！

尊重别人的信仰，也就是尊重自己的信仰。同理，尊重自己的信仰，也要尊重别人的信仰。中国传统文化一以贯之有包容性的精神。相互理解，相互尊重，世界上的人就能和睦相处。中国的《周易》告诫我们：不走极端，物极必反。中庸之道是一种智慧的选择！我们要尊重自己祖先的创新，同时也要尊重别人祖先的创新。在继承的基础上，人类才能持续发展。我们的文化自信，是建立在五千年文明之上的。

西汉太初历元，罗马太阳节日。

东方西方文化，都在道法自然。

选择冬至那天，成为靓丽交点。

仰观天象一样，巧合绝非偶然。

不懂就问，直到真懂

问题：为什么不认定正月初一与立春在同一天（立春既然是二十四节气之首，也理应确定为一年之首的春节，二者应当吻合），阴差阳错的原因何在？

回答：有的年份正月初一与立春在同一天，但是，更多的年份正月初一与立春不在同一天。为什么？这是因为中国汉历是"阴阳历"，既要符合月相之变化，又要符合太阳在赤道坐标上的位置，即在二十八宿上的位置，这个位置直接影响我们生活中的二十四节气。所以，立春这个时刻不可能固定在正月初一。

中国历法的一个月，从初一到十五，再到二十九（或三十），必须与月亮的阴晴圆缺一致。月初与月末看不见月亮，但是，十五的月亮必须是圆的。这是一个重要原则，通过十九年有七次闰月来实现。西方的历法，即现在通用的公历，根本不考虑月亮的弯半圆缺。月亮虽然小，但离地球很近，不仅是晚上有无月光照明的问题，而且直接影响海洋潮水的涨落，同时，对地震等物理现象及人的生理、心理，都有直接影响。

二十四节气是由太阳来确定的，与农业和气象密切相关。冬至那天，是太阳最斜照地球北半球的时刻，故正午阳光的日影最长（一年之中最长的一天）。那时是冬季的第二个月。之后，经过小寒、大寒（这两个节气是冬季的第三个月），才来到春季的第一个月。中国历法的正月初一，是一年之首，是真正的"元旦"。立春这个节气在中国"元旦"的前后，但并不总在正月初一。

春季包括六个节气：立春、雨水、惊蛰、春分、清明、谷雨。立春等节气都是指时刻，精确到分秒！但是，春节是节日，是时间，可长可短。

中国的春节是真正将"迎接新年"和"迎接春天"统一起来的节日。迎接新年，指正月初一，即汉历的"元旦"那一天；迎接春天，节日放假，是人为规定，可长可短。

中国古代民间的春节，普遍是从正月初一到十五，但不同地区有所不同，有的提前几天，有的延后几天；现代的春节是法定节假日，在正月初一，但是春节的假期变化就很大了：从三天、五天到七天。

在古代和近代，春节期间正是农闲；春节之后，就是农忙了。随着我们中国从古代的农业社会进入现代的工业社会，即将进入智能社会（也有人称为"信息社会"或"知识社会"），春节法定放假的时间，有可能还要渐渐变长，回归到从正月初一到十五，甚至更长。

中国传统文化的经典《周易》强调阴阳互补原理，故中国传统的历法一以贯之地将太阳和月亮的运动规律统一起来。如果简单地把立春那一天定为正月初一，就没法兼顾月有弯半圆缺了。就是在世界通行的公历中，立春这个时刻也是在2月4日或5日。"时刻"与"时间"是有区别的两个物理学概念。如果理解了立春是时刻，春节是时间，那就真正懂得了二十四节气科学概念的内涵。

观察月相　理解节气

一月里，月亮有弯半圆缺，

初一与月末，看不见月亮。

十五的月亮圆圆而又明亮，

新月总是从西方慢慢升起。

满月和新月，潮水涨落大，

月末，她从东方缓缓落下。

一年里，有十二或十三个月，

十九年里有七年，是十三个月。

哪一个月里，没有"中气"，

落下闳建议就在那月"置闰"。
这样才能保证历法接近月相，
中国的汉历将日月运行统一。

一年内有春夏秋冬廿四节气。
立春雨水惊蛰春分清谷天，
立夏小满芒种夏至暑相连，
立秋处暑白露秋分寒霜降，
立冬小雪大雪冬至小大寒。
这是世界非物质文化遗产！

科学进步，深度拓展

"落下闳系统"引钱学森关注

1982年，"中国物理学会第三届全国代表大会"在北京召开，我撰写的论文《中国古代物理中的系统观测与逻辑体系及对现代物理的启发》被选为大会报告（1982年12月23日）。这篇论文是我研究落下闳（约前156—约前87年）制定的《太初历》的数学物理结构的过程中，得到的启示。那时，我在中国科学院成都分院自然辩证法研究室做研究工作，研究物理学方法论与科学史。

我在论文中具体地论证了中国古代物理中有自己独特的"系统观测与逻辑体系"，并且对现代物理很富有启发性，从而实证地说明了在中国传统科学的框架内是可以通向近代科学的。论文以一种独特的方式回答了"李约瑟问题"。论文发表在《大自然探索》1985年1期上。

这篇论文的第三部分，论述了中国古代物理的思想方法是应用观测天体运动的周期建立系统的理论，不强调天体运动的轨道，而应用代数的近似方法，这包容了不确定性，类似于量子力学的一些观点，对现代物理有许多新的启发，也提出了一些新的观点和看法。玻尔应用经典力学的轨道概念来建立他的原子理论，但是，人们观察不到电子的运行轨道。今后，在物理学教学之中，给学生讲量子力学可能要绕过玻尔理论的"轨道概念"，当然，在物理学史里还是要提到玻尔"半经典、半量子"的原子理论。

我自己将这篇论文的大部分内容译为英语，标题改为《落下闳系统与托勒密系统的比较》。1985年，我应邀参加在美国加州大学伯克利分校召开的"第17届国际科学史大会"，并在会上宣读了这篇论文。这篇论文引起了欧美、印度、日本等国学者的较大关注。因为，我第一次提出：早在托勒密发表他的太阳系的"地心系统"之前200年，中国古代的天文学家落下闳就建构了一个非几何轨道的、以观测周期建立起来的、有浑天物理模型的太阳系的"地心系统"，我称之为"落下闳系统"或"落下闳体系"。

伽利略于1632年发表他的重要著作《关于托勒密和哥白尼两大世界体系的对话》，中文的翻译本曾经简化译为《关于两大世界体系的对话》。可惜伽利略不知道还有"落下闳体系"。我于2001、2009、2011年出版的《世界杰出天文学家落下闳》一书，实际是"关于落下闳、托勒密和哥白尼三大世界体系的对话"。为了让更多的外国学者能够知道"落下闳体系"，这本书前面是中文，后面是英文。

在论文《中国古代物理中的系统观测与逻辑体系及对现代物理的启发》中，我写了一段话："实际上应用欧拉方程、连续性方程、泊松方程去研究大行星的起源，在一定条件下就得到与量子力学的薛定谔方程相同的形式"，并列出了一个参考文献。钱学森先生对这一项基础研究很有兴趣，希望将这篇论文的原文复印给他。

我在论文中提出一个新观点："决定论总是一定条件下的决定论，概率论也总是一定条件下的概率论。即没有绝对的决定论，也没有绝对的概率论。决定论和概率论在一定条件下是可以相互变换的。这些条件主要取决于时间空间和物质层次。这也许有助于解决爱因斯坦与玻尔关于量子力学的争论。"我还以一个理想实验，具体论述了相互变换的条件。钱学森先生同意我的这一看法。

我在论文最后写道："牛顿力学虽然解释了太阳系相对短时间的稳

定性，却并没有很好解释相对长时间的变化性。这也许需要'宇宙量子力学'来完成。量子力学虽然解释了原子系统相对长时间的稳定性，却未能解决相对短时间的变化性。例如，能级跃迁。这也许需要另找新法，其中，隐变数解释就是一种尝试。"对于我的这一看法，钱学森先生很有兴趣。他来信要我讲一讲我对玻姆的理论有什么看法。

钱学森先生非常认真地看了我的长篇论文，于1985年3月17日给我写了第一封信。整体地看钱老的来信，表明钱老非常关心"落下闳系统"，关注科学哲学的问题。全信如下：

四川省成都市四川省社会科学院

查有梁同志：

拜读您在《大自然探索》1985年1期上的《中国古代物理中的系统观测与逻辑体系及对现代物理的启发》一文后，深受教益。但您在前几年"黄山天体物理学术会议"上的论文未能找到学习，是个遗憾；不知您手头可有复印本？如有请赐寄一份，我将十分感谢！

我很同意您的看法：决定论总是一定条件下的决定论，概率论也总是一定条件下的概率论。您对D. Bohm的理论有什么看法？请教！

此致

敬礼

钱学森

1985年3月17日

读了钱老的这封信后，我受到很大的鼓舞与促进。在回信中我向钱老请教并与他深入讨论了一些问题，包括力学中出现的内在随机性等，特别是决定论与概率论相互转化的问题，以及戴维·玻姆的理论。不久，我的朋友、哲学家张桂权看到戴维·玻姆的著作：*Wholeness and the Implicate*

Order，他想译为中文，并希望我做译文的校者，我欣然同意。从玻姆的著作中可看到解决问题的一线曙光，但问题仍未得到解决。这本学术著作的中文译本，2004年才由上海科技教育出版社出版；2013年，上海世纪出版集团又再版了这本书。

遵照钱老指点，继续钻研

经过一周的思考，我给钱学森先生的回信如下：

尊敬的钱学森老师：

您3月17日的来信收到。谢谢您的鼓励。

来信提到的《黄山天体物理学术会议论文集》中的一篇文章，已复印一份，用印刷挂号寄给您。关于从流体力学的方程出发，在一定条件下就得到薛定谔方程，林家翘教授在他的密度波理论中已提出过（可能在如下文献中：J. SIAM，Appl. Math，14，876，1966）。此外，三体问题中出现随机性已有几例（见《物理学进展》3卷3期，1983，pp.340—341）。V. Szebehely提出：天体力学不再是决定论的科学了。

我曾设想过关于"宇观人"的理想实验，这有可能找到决定论与概率论的联系。请看以下三个图：图一是开普勒的椭圆轨道图像，图二是爱因斯坦的行星近日点进动的图像，图三是"宇观人"观察到天体运动的图像，类似"电子云"。在"宇观人"看来，只能用概率论的语言来描述天体的运行，"他"会说在近日点附近找到行星的概率最大。在宏观—宇观的层次上有可能建立概率论的描述。密度波理论，牛顿力学的内在随机性已为这一观点做出了某种证明。

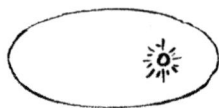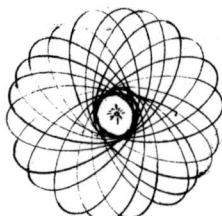

图一 图二 图三

从玻姆的著作可以看出，他深受爱因斯坦的影响。他提出隐变量理论，试图要回到决定论上去。当然，要使量子理论回到经典力学意义下的决定论是不可能的。如果玻姆要在微观层次上建立一个相对的"决定论"，这是有成功希望的。一篇介绍David Joseph Bohm的文章提出"玻尔的时代"可能在将来变成"玻姆的时代"（*New Scientist* 11, No.1982, Vo1.96; No. 1331, pp.361—365）。

我以为，新的理论应当是：在一定条件下既能回到决定论，在一定条件下又能回到概率论。正如量子理论和相对论在极限情况下都能回到经典物理一样。这样的理论才满足完备性的要求。首要的前提是，必须把量子力学和相对论统一起来。量子理论中的时空不连续、量子跃迁等观点与相对论中的时空连续、因果性等观点很难协调起来，还需要做很大努力才能真正统一。非平衡态物理学的新进展表明了您所一再强调的系统科学，在解决这些问题中，会起到重要作用。

我拜读过您的大部分著作，深受教益，甚为感激。在杨超同志的关心下，我调到中国科学院成都分院从事自然辩证法的研究。我的专业是物理学。前几年研究课题主要是科学史和科学方法论。近年来在您的几篇论文的启发下，从事思维定量规律的研究，顺寄几篇有关思维科学的文章。请多加指正。我准备把自己精力旺盛的年华贡献于思维科学。

　　此致

敬礼

查有梁

1985年3月26日

"落下闳系统"与物理学研究

　　在研究"落下闳系统"的启发下，在钱学森先生来信的鼓舞和促进下，我完成了两部专著：《牛顿力学的横向研究》《世界杰出天文学家落下闳》，发表了与上述观点相关的物理学论文：《信息测不准关系》《信息测不准关系的意义》《一般测不准关系与质量—信息关系》《引力定律的新研究》。这些研究都试图协调和缩小经典物理学、相对论物理学、量子物理学之间的巨大差异。这些研究深受"落下闳系统"的启发，这也表明中国古代的科学成就仍然有现代意义。

　　其中，具有原创性的研究是发表在《科学通报》上的成果，我独立得到"广义不确定原理的关系式"：

$$\Delta E \cdot \Delta t \geqslant \frac{S\eta}{2\log_2(1+M/N)} \qquad \Delta p \cdot \Delta x \geqslant \frac{S\eta}{2\log_2(1+M/N)}$$

　　广义不确定原理表明：能量E与时间t的不确定关系，或动量p与位置x的不确定关系，不仅与普朗克常数h有关（$\Delta E = \Delta\omega\eta$，$\eta = h/2\pi$），而且与信息量（$S$）、信噪比（$M/N$）有关。传递的信息量愈大，不确定性的积累愈大；信噪比愈大，不确定性的积累愈小。对于信息的传播和储存，系统愈复杂（S大），不确定性愈大；"噪声"愈大（N大），不确定性愈大。广义不确定原理能较好地解释上述现象。同时，广义不确定原理，从理论上说明"牛顿—拉普拉斯决定论"是不可能的。因为要获得宇宙的初始条件的极大数量的信息量，必然有很大的不确定性，因而，力学在原则上就是不能绝对确定的。

当信噪比（M/N）等于1，信息量S为1比特时，"广义不确定原理的关系式"就变为"海森伯不确定原理的关系式"。即根据"广义不确定原理的关系式"，可以直接推导出"海森伯不确定原理的关系式"：

$$\Delta E \cdot \Delta t \geqslant \frac{\eta}{2} \qquad \Delta p \cdot \Delta x \geqslant \frac{\eta}{2}$$

《中国科学》已有论文直接应用和验证"广义不确定原理的关系式"。

在《一般测不准关系与质量—信息关系》一文中，我得到如下的"质量—信息关系"和"能量—信息关系"。详细的推导，见我的《牛顿力学的横向研究》第二版（2014）的附录。

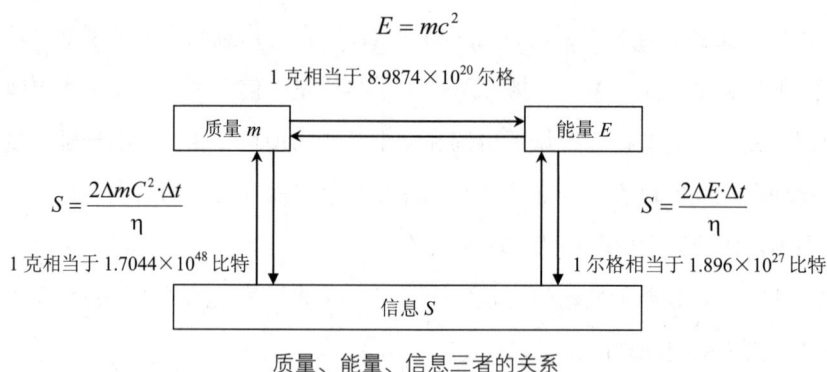

$$E = mc^2$$

1 克相当于 8.9874×10^{20} 尔格

质量 m ⟷ 能量 E

$$S = \frac{2\Delta mC^2 \cdot \Delta t}{\eta} \qquad\qquad S = \frac{2\Delta E \cdot \Delta t}{\eta}$$

1 克相当于 1.7044×10^{48} 比特　　　　1 尔格相当于 1.896×10^{27} 比特

信息 S

质量、能量、信息三者的关系

"海森伯不确定原理的关系式"与"广义不确定原理的关系式"有四点不同：

1. "海森伯不确定原理的关系式"由理想实验或物理实验推导得之，也可以从量子理论推导出来；"广义不确定原理的关系式"根据有坚实实验基础的最大信息量公式推导出来。"海森伯不确定原理的关系式"适合于微观物理世界；"广义不确定原理的关系式"既适用于微观物理世界，也适用于宏观物理世界。

2. "海森伯不确定原理的关系式"的数学表达式是线性的，包含了质量、能量、动量、时空的概念；而"广义不确定原理的关系式"的数学表达式是非线性的，不仅包含了质量、能量、动量、时空的概念，而且还包含有信息量（S）和信噪比（M/N）的概念。信息即负熵，即包含有"熵"的概念。

3. "海森伯不确定原理的关系式"，指出了微观物理世界的不确定性，海森伯试图否认客观世界的因果性，但由于普朗克常数h的数量级太小，"海森伯不确定原理的关系式"并没有从根本上否定拉普拉斯的决定论；"广义不确定原理的关系式"，指出了微观和宏观物理世界都既有确定性，又有不确定性，因果形式是多样的。"广义不确定原理的关系式"从根本上否定了拉普拉斯的决定论。

4. "海森伯不确定原理的关系式"不可能推导出"广义不确定原理的关系式"，也很难为"暗物质""暗能量"提供物理解释；"广义不确定原理的关系式"可以包容，可以推导出"海森伯不确定原理的关系式"，而且应用"广义不确定原理的关系式"，有可能为宇宙中的"暗物质""暗能量"提供物理解释。因为宇宙中的极大数量的信息，是具有相应的质量和能量的，"暗物质""暗能量"必然对应有"暗信息"。这是一个新的研究课题。

『通天彻地』落下闳

2004年9月16日，经国际天文学联合会小天体提名委员会批准，中国科学院国家天文台将一颗国际永久编号为16757的小行星命名为"落下闳星"。落下闳是中国古代的杰出天文学家，姓落下，名闳，字长公，巴郡阆中人（今四川阆中人）。现在知道他的人不多，但是他对于天文历法贡献很大，至今影响着每一个中国人的生活。

"春节老人"

　　中国古代的夏、商、周以及统一了各国的秦朝，每年的第一个月即元月的日期并不一致：夏朝用孟春的元月为正月，商朝用腊月（十二月）为正月，秦始皇统一六国后以十月为正月，汉朝初期沿用秦历。也就是说，元月与春节不完全一致，两者并不重合。真正从历法上规定"元月即春节"，将"迎接新年"与"迎接春天"直接联系、法定统一起来的人是汉武帝刘彻和天文学家落下闳。

　　公元前140年汉武帝刘彻16岁登基，公元前104年是太初元年，汉武帝正式颁发并下令使用《太初历》。活跃于公元前140—前104年的落下闳直接参与了将秦始皇时代使用的《颛顼历》改为《太初历》的变革，奠定了中国古代历法的基础。

　　中国古代是"观象授时"，历法非常重要，历法必须要与"天象"相合。汉武帝刘彻发现此前的历纪太乱，不合天象，命令大臣公孙卿和司马迁组织编造"新历"。司马迁采取开放的办法，从民间招聘天文学家，先后从全国各地招来二十多人，落下闳就是其中之一。

　　落下闳从故乡巴郡阆中来到京城长安，与邓平、唐都合作，编制《太初历》。《太初历》优越于同时提出的其他十七种历法，经实际的天象观测鉴定后，被汉武帝采纳，于元封七年（前104年）五月公布正式实行。《太初历》为中国以后的一百多种汉历提供了"样板"。

汉武帝废除《颛顼历》改行《太初历》，在古代历法上进行了几项重大改革：原以十月为岁首，改为以正月为岁首；将正月朔旦立春为历元，改为前十一月朔旦冬至为历元；落下闳使用自创的赤道式浑仪实际测定了二十八宿的赤经差，在"浑天说"的基础上，将二十四节气完整纳入历法系统；经过大量计算，落下闳还第一次提出交食周期，以135个月为"朔望之会"，即认为11年应发生23次日食，这也是应用统计方法的新发现。

《太初历》以前的历法都没有完整保存下来。落下闳的合作者唐都是司马谈的天文学老师，司马谈是汉武帝时期的太史，负责掌管天文工作。司马谈死后，其子司马迁续任太史。落下闳的另一个合作者邓平是天文官员，善于协调和辩论，在《太初历》颁发之后，邓平又被任命为太史丞。所以，《太初历》中各种天文观测的数字以及各种推算的数字，至今仍完整保存在《汉书·律历志》之中。

根据《汉书》的记载，在《太初历》的制定过程中，由落下闳"运算转历"，即负责各种计算，这是历法中最重要的部分。在制定过程中，落下闳推算出"上元积年"（年、月、日与甲子周期的最小公倍数）为143127年，进一步推算出"太极上元"（冬至、朔旦、夜半、日月合璧、五星连珠的宇宙大周期）是23639040年。同时，他认识到这些周期具有"近似性"，并非具有绝对的"确定性"。

《太初历》确定了"以孟春正月为岁首"的历法制度，使国家历史、政治上的年度与人民生产、生活的年度，协调统一起来，改变了秦和汉初"以冬十月到次年九月作为一个政治年度"的历法制度，即规定春季的第一个月，就是新年的第一个月，以正月初一为一年的第一天，就是"元旦"。按照中国人的风俗，从大年初一到十五，都在"过年"。

落下闳是一位来自民间的天文学家，深知春节在民间的重要性。此后，中国的农历一直沿用"以孟春正月为岁首"，直到当代。春节在中国人民的生活中是最重要的节日，是"中华民族第一大节"，落下闳也被称为"春节老人"。

对二十四节气的贡献

　　2016年，联合国教科文组织保护非物质文化遗产政府间委员会第十一届常会正式通过决议，将中国申报的"二十四节气——中国人通过观察太阳周年运动而形成的时间知识体系及其实践"列入联合国教科文组织人类非物质文化遗产代表作名录。中国"二十四节气"的申报，从整体上归为第四类非物质文化遗产领域，即"有关自然界和宇宙的知识和实践"。

　　事实上，中华民族的祖先在商朝，约公元前1300年就创造了文字——甲骨文。甲骨文里就有了关于日月运行以及天文历法中的一些知识的记载和认识。商周时期就有了以天干和地支依次排列组成的六十个干支名称的纪日表，这是我国最早的日历。

　　在古代先秦的历法中，人们就已经知道冬至、夏至、春分、秋分这些节气，直到公元前150年左右，才有了对二十四节气系统较完整的记载。《周髀算经》第三部分已经有二十四节气日影长度的测量，按照钱宝琮与刘朝阳的考证，应该不会晚于公元前100年。但是，《周髀算经》内所记载的"日月历法"，是建立在"盖天说"基础上的，这与建立在"浑天说"基础上的汉武帝颁布的《太初历》有很大差别。

　　"盖天说"认为，日月总在大地之上运行，而"浑天说"中的天体则可以运行到大地之下。落下闳在公元前110年至前104年制作浑仪观测二十八宿的赤道距离（赤经差），并在《太初历》中将二十八宿与二十四节气结合起来。"浑天说"的宇宙论知识，从汉武帝时代开始，才在中国天文历法中兴起并逐渐占据统治地位。

直到今日中国还在应用的汉历（又称农历、阴历），都保留了二十四节气：立春、雨水、惊蛰、春分、清明、谷雨；立夏、小满、芒种、夏至、小暑、大暑；立秋、处暑、白露、秋分、寒露、霜降；立冬、小雪、大雪、冬至、小寒、大寒。在《太初历》中，二十四节气中的奇数项称为"节气"，偶数项称为"中气"。例如，立春是"节气"，雨水是"中气"，以此类推。农历月份的名称按照中气而定，如含雨水的月份叫正月。"以没有中气的月份为闰月"使二十四节气的周期变化与春夏秋冬四个季节的变化协调配合起来，从汉太初元年一直用到明末，明末以后只做了小改。

《太初历》规定：以冬至所在之月为十一月，以正月为岁首，将迎接新年与迎接春天统一起来；十九年七闰，但以没有中气的月份为闰月，使中国的汉历科学化，更符合实际测定的天象。

"浑天说"宇宙论

中国历法的核心思想来源于《易经》，遵循"阴阳互补原理"，因此，中国汉历既要观测太阳的运动规律，又要观测月亮的运动规律，故一定是"阴阳历"。其基本的核心思想还要遵循"五行生克原理"，包容"木、火、土、金、水"的运行周期，更要体现"天地人合一"的整体哲学观。故汉历一以贯之地采用天干、地支排列组合的干支周期，以至于六十年、六十日等特殊周期被包含在历法周期之中。这使得中国的汉历无论如何改革，一年一年、一天一天都依照干支周期排下去，从古至今没有发生差错。

先秦时代的"古六历"建立在"盖天说"的基础上，基本观点是"天圆地方"；落下闳制作了浑仪和浑象，这些实物模型就是天圆地圆的"浑天说"的模型。基于系统观测、数学算法、逻辑结构方面的一系列创新，形成的"落下闳系统"，与比他晚200多年的古代希腊天文学家托勒密的《天文学大成》所建构的"托勒密系统"相比较，各有特色。

通俗言之，落下闳直接根据他多年观测日月、五星在二十八宿框架下的运行，给宇宙制作了一个"浑天说"的物理模型——浑天仪。西汉著名的辞赋家扬雄在《法言·重黎》中肯定了落下闳的"浑天说"，并如是评价："或问浑天，曰：落下闳营之，鲜于妄人度之，耿中丞象之，几乎几乎，莫之能违也。"张衡更是直接在落下闳制作的浑天仪的基础上，加以系统改进、系统说明，实现了创造性转化。受落下闳影响，张衡在《浑天注》中才写出："天之包地，犹壳之裹黄。"

中国传统历法系统（汉历）是"道法自然，三生万物"的复杂系统。二十四节气反映黄道系统（太阳视运动），二十八宿反映赤道系统（地球的自转），月相变化反映白道系统（月球的运行）。中国传统历法将这三个系统有机融合在一起。虽然是"三体系统"，但是在数万年内，其周期解是基本稳定的。除此之外，还进一步得到包括五星的会合周期"八大系统"的总周期解（"太极上元"）。《太初历》不强调日、月、五星的运动轨道，只给出多体—周期解。

《太初历》使时间系统与空间系统对应。落下闳经过数十年的观测，认识到太阳运行到二十八宿的哪个位置，在大地上应该对应哪个节气。于是，他才可能在《太初历》中规定：以没有"中气"的月份为闰月，方能使得二十四节气在历书的安排更为接近太阳的实际位置。同时，这种置闰的方法（包括十九年七闰），使得以朔望周期来定月所形成的一年（12个月或13个月，1个月有29日或30日）与太阳回归年平均长度更为接近，协调了日月的运行周期。

落下闳的贡献，实测有据，要言不烦，内涵深刻。用现代物理学的语言说，就是将时间与空间联系起来，将太阳运行的周期与月球的相位变化协调起来。二十四节气与二十八宿联系起来建构的系统是既有定性又有定量的系统。他对于二十四节气的最大的独特贡献正在于此。由此可见，"浑天说"与《太初历》既有系统观测，又有逻辑体系。尽管通过仪器观测法、渐进分数法、系统谐和法等方法进行了运算，但是，落下闳依然预言："后八百岁，此历差一日，当有圣人定之。"他深知他的"运算转历"数据只是在"逼近"天象。

中国的"落下闳系统"不同于古希腊"托勒密系统"。"落下闳系统"是多体—周期的数学系统；"托勒密系统"是本轮—均轮的几何系统。"落下闳系统"的出现，在历史上比"托勒密系统"早200多年。公元2世纪建立的"托勒密系统"，经过哥白尼的《天体运行论》，伽利略的

《关于托勒密和哥白尼两大世界体系的对话》，到"开普勒三大定律"，才发展到牛顿的《自然哲学之数学原理》。在前人的研究基础上，直到20世纪，爱因斯坦的相对论物理学的出现才突破了牛顿力学的"绝对时空观"。

此外，在数学方面，落下闳发明了"连分数（辗转相除）求渐进分数"的方法，定名"通其率"，现代学者称之为"落下闳算法"。"落下闳算法"比采用类似方法的印度数学家爱雅哈塔早600年，比提出连分数理论的意大利数学家朋柏里早1600年，它影响了中国天文数学已经2000多年。

科学的基本概念和理论在不同时代、不同科学家的努力下，正在不断发生演变。时间—空间融合的物理观念、探索多体—周期系统的"概率解"的数学算法，更接近20世纪以来的新物理学的概念，而"浑天说"的宇宙图像已经很接近现代宇宙学的图像了。

天文学领域一颗"灿烂的星"

　　落下闳为中国科学的发展做出了巨大的贡献，英国李约瑟博士将落下闳所处时代的东西方天文发展总结了十大成就，落下闳就占其三。因此在《中国科学技术史》一书中，李约瑟博士盛赞落下闳是世界天文学领域一颗"灿烂的星"。

　　在公元前143年，蜀郡太守文翁为改变蜀中闭塞、落后的状况，设置学官，创建官学，修筑校舍，四川学风大兴，史称"文翁兴学"。此时，落下闳正值"十五而志于学"的年龄，他的家乡阆中直接受到"文翁兴学"的影响，创办学校，发展教育。进入学校后，落下闳不但系统学习了科学文化，在观测天象上也逐渐小有名气。

　　落下闳在求学时代，能够学习的经典有：《易经》《道德经》《论语》《孟子》《庄子》《列子》《吕氏春秋》《天问》《算数书》（成书于公元前186年之前）等；《周髀算经》《九章算术》这两本书成书于公元1世纪，但是，绝大部分内容产生于秦以前。落下闳进入中年，特别是进入京城之后，可以看到《淮南子》，该书已系统记载了二十四节气。从落下闳的"浑天说"和《太初历》可看到，他所具有的天文、历法、数学、哲学基础，都可以在上述著作中找到一定根源。

　　落下闳的故里在现在的四川省阆中市桥楼乡的落阳山。其山顶的高阳山，很适合天文观察，春夏秋冬不同节气，太阳从哪里升起，从哪里落下，能够观察得很清楚，也可以观察确定不同月份和不同节气里太阳所位于的星座。这些星座，中国古人称之为二十八宿。落下闳很小就知道了日月运行与天空中的二十八宿有关系。"格物致知"的学习精神，为他以后的创新打下了扎实的基础。

但是，要比较准确地测量出这二十八宿中各星宿之间的距离（赤经差），必须借助测量仪器。他就自制赤道式浑仪测定二十八宿的距离，这充分体现了落下闳的科学精神。但是，仅仅在太阳升起和落下时测量星宿之间的距离，难度很大。只有到夜半三更子时，中天观测星宿之间的距度，方才更为清晰。这时太阳并不在夜空之上，而是地面之下，夜空之下。经多年在夜半中天时的认真观测，落下闳发现夜空上的星宿正对着太阳在下面所处的星宿，正位于中天观测二十八宿圆周的对面，这种现象可以被反复验证。

李约瑟在《中国古代和中世纪的天文学》一文中出："在中国文化中，天极—赤道坐标的出现是很早的。"并且他画出了"三种天球坐标系统"：中国式也是现代赤道坐标系统、阿拉伯地平坐标系统、希腊黄道坐标系统。而直接测量二十八宿赤经差的科学家，第一位就是落下闳。对日食等天文现象的记载散见于古书之中，日月运行的轨道以及会合的周期历来为古人所关注。而落下闳首次将日食周期定为135个月，并引进中国的历法之中。这是从过去历年发生"日食"的一系列大数据记载中统计出来的。《太初历》里也记载了44次日食的数据，可以验证这个统计出来的"日食"周期135个月是否正确。实际上《太初历》使用188年之后，累积误差只有一天以上。科学既能在一定条件下"证实"，也能够在一定条件下"证伪"。落下闳的一言一行都反映着科学精神，也体现了墨家重视实践实验的科学精神，道家主张"道法自然"的科学精神，儒家提倡"仁者爱人"的人文精神。

《史记·历书·索引》中记载："闳字长公，明晓天文，隐于落下，武帝征待诏太史，于地中转浑天，改《颛顼历》作《太初历》，拜侍中不受。"为了表彰落下闳的功绩，汉武帝特授他以侍中之职位，落下闳却辞官不受，回阆中隐落亭。落下闳隐居后，继续观天测地，传法于后生。在落下闳的影响下，自西汉到隋唐期间，阆中又诞生和云集了任文孙、任文公父子，周舒、周群、周巨祖孙三代以及客居此地的著名天文学家和历算学家袁天罡、李淳风等人，使阆中成为古代天文研究中心。真正有价值的不仅是落下闳的知识创新，更为重要的是落下闳的科学精神。

注：本章《"通天彻地"落下闳》原文载《光明日报》2018年02月25日，星期日，07版。

演讲人：查有梁；演讲地点：西华师范大学；演讲时间：2018年2月。《四川日报》2018年02月26日全文转载《"通天彻地"落下闳》。

约前156—前150年　1～6岁

生于巴郡阆中，姓落下，名闳，字长公。

（前156年汉景帝即位，同年刘彻生。前150年，刘彻立为皇太子。）

前150—前141年　6～15岁

落下闳随父在家学习并随同观测天象。

（前143年，文翁为蜀郡守，兴办学校。前141年，汉景帝卒，后太子刘彻即位。）

前141—前135年　15～21岁

落下闳到巴郡阆中城里兴办的学校拜一位或几位精通历算的老师学习，并认识了谯隆。

（前135年，中国已发明使用土和炭测湿度的天平，是最早的测湿度仪器。）

前135—前127年　21～29岁

落下闳在阆中地区游学，拜高人为师，深入理解《颛顼历》。他在游学中认识到《颛顼历》与天象不合。

（前134年，汉武帝元光元年，令郡国举孝廉。前130年，已经有《尚书》《周官》等先秦古文旧书。）

前127—前117年　29～39岁

落下闳回到老家阆中落阳山，独立创制浑天仪，观测天象，初步形成"浑天说"图像，认识到"盖天说"的弊病。

前117—前110年　39～46岁

落下闳测定二十八宿赤经差，领会与二十四节气的关系，推算日食周期为135个月，发明"通其率"算法。前110年，他应诏进京城长安参加改革《颛顼历》，官居太史待诏。

前110—前108年　46～48岁

落下闳制作更精密的浑仪测定二十八宿的赤经差，提出八十一分法。他"运算转历"，定量地提出改革《颛顼历》的要点。

（前110年汉武帝下诏改革历法。前108年司马迁为太史令。落下闳与邓平、唐都提出《太初历》新方案，司马迁提出《历术甲子篇》方案。）

前108—前106年　48～50岁

落下闳"于地中转浑天"，在洛阳进行实际观测与模型演示，提出"以孟春正月为岁首""以无中气之月置闰"更加符合天象的实际观测。

（汉武帝下诏在甘肃、云南、河南设置实验观测，比较18种历法改革方案的优劣。落下闳、邓平、唐都提出的历法改革方案，既符合二十四节气，又符合每一个月的月相，优于其他17种改革方案。）

前106—前104年　50～52岁

落下闳改革《颛顼历》，制定《太初历》。落下闳采用的是"浑天说"，而《颛顼历》建立在"盖天说"基础上。

［汉武帝元封五年（前106年），设十三部刺史，巡查郡县。汉武帝太初元年（前104年）颁发《太初历》，用夏正，始以正月（建寅月）为岁首。《太初历》历元是十一月初一，是冬至，又是甲子日。］

前104—前103年　52～53岁

汉武帝元封七年（前104年）正式颁行使用《太初历》，改元封七年为太初元年。汉武帝颁布《太初历》之后，任命落下闳担任侍中（顾问），落下闳辞而未受，回阆中隐于落亭，传法后生。邓平被任命为太史令。

前103—约前87年　53～69岁

大约前87年，落下闳卒于阆中。他所研制的浑天仪为后人继承改进。他是"浑天说"的奠基人。《太初历》的基本思想，至今一直影响中国的汉历。

［后元二年（前87年），政治家、战略家汉武帝卒于长安。他生前首开丝路，降服西域，开创了盛世。我国第一部天文历法著作《周髀算经》大约最后成书于汉武帝时期，它是"盖天说"的经典著作。］

2017年7月，公布的首批十位四川历史名人中，就有世界杰出的天文学家落下闳。这首批十位四川历史名人是：大禹、李冰、落下闳、扬雄、诸葛亮、武则天、李白、杜甫、苏轼、杨慎。

　　大禹：治水专家、政治家；

　　李冰：水利工程专家，组织修建都江堰水利工程；

　　落下闳：天文历算学家，制作浑天仪，制定《太初历》；

　　扬雄：经学家、哲学家、语言文字学家、天文学家；

　　诸葛亮：政治家、军事家；

　　武则天：政治家、中国唯一的女皇；

　　李白：千年一遇的浪漫主义诗人，"诗仙"；

　　杜甫：其诗是"史诗"，其人是"诗圣"；

　　苏轼：多才多艺的文学艺术家，在哲学、政治学、军事学、医药学、水利学、农学、园林、盆景、制墨、酿酒、烹饪等方面都有值得一提的成就；

杨慎：文学家、教育家、哲学家，创造了中国文化史、中国古代学术史、中国科举史上的三大神话。

十大历史名人，光耀寰宇。

《落下闳传》以独特的诗文形式，展示落下闳的成就及其深远影响。落下闳壮年时在京城长安一住七年，耗尽心血，苦苦钻研，成绩斐然。落下闳研制浑天仪，观测天象，而浑天仪正是"浑天说"的实物模型。他在系统观测、数学算法、逻辑结构方面有一系列创新，是《太初历》的主要创制人。

落下闳集先秦天文历法之大成，是"浑天说"创始人，构建了"落下闳系统"。他首次将二十四节气和二十八宿结合起来纳入历法之中。落下闳与比他晚200多年的古代希腊天文学家托勒密相比，"落下闳系统"与基于《天文学大成》所建构的"托勒密系统"相比，各有特色，都很出色，影响深远，永载史册。

从公元前104年到现在，天文历算学家落下闳优秀的成果，仍然持续影响着中国人的日常生活和科学探索。

2016年11月，联合国教科文组织保护非物质文化遗产政府间委员会经过评审，正式通过决议，将中国申报的"二十四节气——中国人通过观察太阳周年运动而形成的时间知识体系及其实践"列入联合国教科文组织人类非物质文化遗产代表作名录。落下闳对二十四节气有独特的贡献。落下闳在天文历法上的创新，越来越得到世界学术界的认同。

在巴蜀大地上出现落下闳这样的世界杰出的天文学家不是偶然的。"天府之国"的巴山蜀水，养育出了许许多多的勤劳农民、能工巧匠、工程技术人员、诗人、学者、哲学家、政治家、文学家、科学家等杰出人才。落下闳是科学家中的一位杰出代表，落下闳的科学精神更是有重要的现实意义。

作者曾作过一首小诗《巴蜀科教赋》，无意之中，提到四川历史名人有：李冰、文翁、司马相如、卓文君、落下闳、扬雄、秦九韶、诸葛亮、李白、杜甫，也是十人。现在，重新修改一下这首诗，加上苏东坡老先生及其他做出卓越贡献而又没有留下人名的四川历史人物，特别是能工巧匠、技术创新人才。

巴蜀颂辞

小桥流水，淙淙有声。沃野千里，人民勤奋。
水旱从人，不知饥馑。禾黍连云，稻谷如金。

菜花黄黄，麦苗青青。芙蓉花红，银杏如林。
植被茂盛，空气清新。水质优良，鸡鸭成群。

三星金沙，纵横古今。太阳神鸟，艺术极品。

春夏秋冬，四鸟飞腾。十二月份，光跃照人。

李冰治水，全球闻名。文翁兴学，独创立新。
相如文君，自古多情。扬雄高论，儒道合成。

天数在蜀，科学兴盛。闳创新历，实用至今。
重定元旦，春节老人。调整置闰，阴阳匀称。

诸葛孔明，前无古人。李仙杜圣，人人崇敬。
雕版印刷，源于蓉城。丝绸蜀锦，天下闻名。

眉山三苏，东坡扬名。诗词散文，代代传承。
安岳三秦，九韶伟人，数书九章，世界精品。

茶之发源，雅安蒙顶。水井酒坊，历久弥新。
泸州老窖，五粮全兴。衣食住行，皆有神韵。

蜀郡漆器，艺术奇珍。自创交子，纸币诞生。
铜铁玉器，制金制银。技术精湛，传世绝品。

开发燃气，深凿盐井。铸造技艺，登峰到顶。
青城道教，无为清静。峨眉佛光，普度众生。

水润巴蜀，生态文明。熊猫故乡，和美和平。

电子网络，信息灵敏。上善若水，大气大成。

仁义礼智，文行忠信。环境优美，和谐共存。
幽默悠闲，百姓特征。天府之国，世界美称。

图书在版编目（CIP）数据

四川历史名人丛书. 传记系列. 落下闳传 / 查有梁著. 一成都：
天地出版社，2020.1（2021.9重印）
ISBN 978-7-5455-4105-2

Ⅰ. ①四… Ⅱ. ①查… Ⅲ. ①落下闳（约前156—约前87）–传
记 Ⅳ. ①K826.14

中国版本图书馆CIP数据核字（2018）第189719号

四川历史名人丛书. 传记系列

落下闳传

LUOXIA HONG ZHUAN

出 品 人	杨　政	
作　　者	查有梁	
责任编辑	罗月婷	
装帧设计	今亮后声	
内文排版	跨　克	
责任印制	刘　元	

出版发行	天地出版社
	（成都市槐树街2号　邮政编码：610014）
	（北京市方庄芳群园3区3号　邮政编码：100078）
网　　址	http://www.tiandiph.com
电子邮箱	tianditg@163.com
经　　销	新华文轩出版传媒股份有限公司

印　　刷	廊坊市印艺阁数字科技有限公司
版　　次	2020年1月第1版
印　　次	2021年9月第2次印刷
开　　本	710mm×1000mm　1/16
印　　张	13.75
字　　数	260千字
定　　价	69.00元
书　　号	ISBN 978-7-5455-4105-2